近乡情

古村行旅记

Travel Notes on Ancient Villages

◎孟光新　著

续

下集

北方联合出版传媒（集团）股份有限公司

春风文艺出版社

·沈阳·

目录·下集

万里江山万里行

一村一寨总关情

——作者题

第七章 蜀道难

上了秋，我们驾车出发，开始了寻访川渝古村落的行程。

从西安方向入川，京昆高速横穿秦岭，全长100公里。车窗外，峻岭险峰，连绵不绝，耳边倏然响起李白的《蜀道难》，隔空1000多年，仍然振聋发聩。这首诗的时间和背景，众说纷纭，莫衷一是，今人把它界定为赠入蜀友人而作，我等驾车入川正好受用。

回家后计算里程，竟然跑了8000公里，风驰电掣，大半是高速公路，行车顺畅，蜀道之难，只能在李白的诗句里读到了。

三国古城

刚入四川，过了广元，迎面就是昭化古城。我和同伴调侃说："占领此城，蜀国不攻自破，接下来的行程便畅通无阻了。"

了解三国历史的都知道，昭化，是北入四川的重镇，曾经的蜀国咽喉，以三国文化著称于世。《三国志·先主传》载，"先主北到葭萌（昭化），未即讨鲁，厚树恩德、以收众心"。东汉建安十七年（212），刘备初到这里，见"此城两江汇合，绕城东去；金牛古道，穿城而过；剑门雄关，巍峨耸立；桔柏古渡，扼江拒守"，虽属"弹丸之城，却有金汤之固"，就此驻兵，操练兵马，趁曹操进攻东吴之时，西下攻取成都，为蜀国的建立奠定了坚实基础。相传，众多的三国人物曾在此跃马扬戈，如张飞挑灯战马超、黄忠智勇败张郃、姜维兵困牛头山等，从而留下了大量的蜀汉遗迹。

其实，昭化的历史比我们平常所知的还要久远。早在春秋战国时期，这里是苴国的都邑（苴人，巴人的一支），秦始皇统一中国后，在此设郡县，名"葭萌"。到了宋代，皇帝赐此地为"昭化"，"昭示皇恩，以化万民"之意。因此，昭化应该是四川最早建县的地方，县城早已迁走，如今这里为乡镇建制。

出高速公路6公里，导航提示目的地到了。路旁站一个小伙儿，模样纯朴，问他是否有民宿可住，他没直接回答，先把古城景观介绍一番，谈吐不俗，俨然景区工作人员。最后他才说，前面就有一家客栈，距古城步行两分钟——是他家开的。有了初步好感，我们便随他过去。二层的小楼，庭院宽敞，可停车。放下行装，已近晚饭时间，店主说饭店都在古城里面，进去还可以看看夜景。

出了客栈，没走多远，便看见平顶的古城门。走到近前，停下脚步和它对视，事先查了资料，因此我判定，城门是明代遗存的建筑：城楼早已毁掉，只遗有城门，大块的墙砖，褪色成暗红，垒砌整齐，气势雄浑；拱形的门洞，仅一驾马车的宽度；门洞上方，刻有“拱极”二字。说起昭化的城墙，清代道光年间《昭化县志》曾有记载：昭化原为土城，明代天顺年间，以石围筑，四面有楼，东门曰“瞻风”，南门曰“临江”，西门曰“临清”，北门曰“拱极”，挖凿城壕积水于其中。清代乾隆年间，又有两次大型修建，基本恢复了古城原貌。南门早已毁坏，现存东、西、北3个城门，还有几段古城墙。

由此说来，我们面前的是北城门。

古城随便出入。穿过幽暗的门洞，一条笔直的长街从我们脚下延伸开来，视线中一座牌坊立于街道中央。路面是石板，粗糙却平展，应该与城门同时代所建。两旁都是老建筑，典型的川西传统式样，两层的小楼，木架结构，外挂门板。开店铺的人家，大都台阶高筑，深檐前探，廊下的红灯笼，造型一致，全都印着“昭化古城”。走过一家家店面，一块“昭化评书馆”牌匾，引起我的好奇，走到漆着褐色的木板门前，见两侧有“品三国文化，说蜀道传奇”对联，我想是《三国演义》评书专场吧。门前立有广告牌，上面标明说书人是四川省评书艺术家、国家二级演员，还有具体的演出时间等。晚场是8点钟，还不到时间，不知是否有人来听。

◀ 昭化原为土城，明代天顺年间，以石围筑，四面有楼，东门曰“瞻风”，南门曰“临江”，西门曰“临清”，我们面前的是北门“拱极”

街上行人稀少，有身影晃动在牌坊前，待我们走到近前，他也围了过来，是一位耄耋老人。

这是一座石牌坊。因为见得多了，扫上一眼，我就知道这是3间四柱四楼的结构，不知何种石材，灯火阑珊里，通体淡淡的粉红，翘角飞檐等处，却呈现黑灰色，估计是年久风化所致。牌坊高达8米，宽约6米，端庄大气，上面的雕刻精美。三楼的正中，刻有“贞节”两个大字，两边是孟母三迁、岳母刺字等图案，人物造型也颇为逼真。

旁边那位老人，看我们观察仔细，主动上前搭讪，说他家就在身后的巷子里。老人热情健谈，可能常向游人讲解，滔滔说了半天。他的川西口音，我们只听出大概意思：这座贞节牌坊，建于清代道光十九年（1839），是皇帝赐予昭化贞洁女子吴梅氏的，原物已经损毁，这是近年复建的。我大为惊叹，若不是听他介绍，我真以为是早年的文物。近几年的古村寻访

▼ 这座复建的贞节牌坊，原物建于清代道光十九年（1839），是皇帝赐予昭化贞洁女子吴梅氏的

之旅中，我见过太多的复古建筑，像如此用料考究、工艺精湛、“修旧如旧”的经典之作，少之又少。我围着“古牌坊”，重又仔细欣赏，前后门楣的上方，冰清、玉洁和竹香、兰馨8个繁体刻字，笔力厚重，形体端庄，肯定是书法大家的手迹。老人告诉我们，还有一座“孝友”牌坊，在另一条街上。

▲ 天色渐暗，满街的红灯笼亮了，朦胧之中，仿佛穿越到了三国时代

此时，天色渐暗，满街的红灯笼亮了，朦胧之中，我仿佛穿越到了三国时代。这条街是丁字路，走到尽头，我们拐向左侧，朝着那座灯光映衬的城门楼走去。这条街稍显热闹些，沿街门店仍在营业，铺面全是敞开式，摆满各类商品，因为少有人光顾，店主和家人在门前嬉戏。走到门楼前，抬头仰望，门洞上方镶嵌“瞻风”石匾，我知道，这是古城的东门。城门上建有两层的楼阁，飞檐舒展，伸向空中，夜幕下显得威风凛凛。

原以为，游客稀少属正常，岂料，我们刚迈出城门，眼前一片灯火通明。几家饭店正在营业，屋里和门外的空地，所有桌凳都满客了，热火朝天，人声嘈杂。跑堂的是个川妹子，手脚麻利，嗓音洪亮，见我们等在一旁，很快拼了一张小桌。点了几样当地菜品，当然有川北凉粉，这里可是它的故乡。邻桌是成都游客，敞着嗓门，吆五喝六，那个矮壮的男人有点喝高了，听我们是外地口音，端着酒杯过来，并没有敬酒的意思，而是讲起昭化的历史故事，不管你听没听懂，说完他转身回去了，豪爽的劲头，丝毫不亚于咱们东北人。

第二天早上，天空飘着细雨，我们撑起雨伞，重新走进古城。刚刚醒来的街巷，雨水洗面，展露出清新模样。所有店铺都敞开了门面，行人也多起来，除了当地

▲ 重新走进古城，刚刚醒来的街巷，
雨水洗面，展露出清新模样

昭化古城

人，也有少许外地游人。同伴是画家，坐在一家饭店屋檐下，对着东门写生。我见雨暂时停了，背上相机，接着昨天的路线，继续古城的游览。

▲ “太守麻花”店里，全家人围着案板制作面坯。我端起相机，把镜头偷偷对过去，他们看到了，并不拒绝，朝你微微一笑，仍然忙着手里的活计

昨夜有灯影遮掩，没有细看东城门楼，便先向它走过去。店铺开始忙碌了，卸门板的，摆货品的，满大街热闹起来。有卖早餐的饭店，飘出的热气中，有种特殊的麻辣香味。“太守麻花”店里，全家人围着案板制作面坯，这种麻花个头小，有多种口味，我以前曾在重庆买过，却不知产自三国时期：诸葛亮第四次北伐时，司马懿拒不出战，蜀军粮草将尽，当地太守召集百姓，赶制出麻花，解了燃眉之急——我知道，这只是一则传说，可昭化人宁愿信其真，并认定是古城特产，便千百年传承下来。我端起相机，把镜头偷偷对过去，他们看到了，并不拒绝，朝你微微一笑，仍然忙着手里的活计——好可爱的古城人！

东城门为“瞻风”，规模比北门大气，墙体厚实，城门宽阔，上面建有阁楼，高度超过了城门，门扉窗棂，雕琢精美，与原来的墙基浑然一体，不知是哪年重建的，堪为复古建筑的经典。由于距离太近，无法拍出它的整体雄姿。

东门外，是蜀道线上有名的“桔柏古渡”，一条石板路直通江边。昭化四面环山，三面临水，白龙江、嘉陵江在此交汇，形成一个天然的山水太极图，古城正好位于阳眼之处。史书记载，“明皇幸蜀”期间，李隆基逃亡至此，见两江相汇，清浊不混，如两条巨龙翻滚，视为吉相，认为灾难即将过去，便在南岸摆宴庆幸，如今此地还叫“摆宴坝”。此时，一块阴云飘来，雨丝又稠密了，按照路人指引，我撑起雨伞，踩着满脚泥泞，走到嘉陵江边。这里果然水面宽阔，江畔如弯月，遥望对面的山峦，不知是否是剑门关。听说江边遗有古石碑，我没有寻到，估计在烟波浩渺的对岸吧。站在江边，怀古的幽思在心间浮现：1200多年前，马嵬坡兵谏，唐明皇被逼入川，面对滔滔东逝的江水，他绝不会想到，举世瞩目的盛唐会由此走上衰落之路。

从江边返回城内，往西门的方向走，在南门巷口处，立着“辜家大院”招牌，我看了一眼，见上面有“始建明末”“是目前西南地区少有的保存完好的三进四院落”等字样。我寻宝似的走进去，幽深的巷内，几家客栈的牌匾，属“辜家大院”最阔气，黑色衬金字，分外醒目。大门内缩墙内，我探头往里望了望，幽深神秘，正面对着敞门的“账房”，我估计是服务台，便问：“可以进去拍照吗？”电脑后面露出一张俊秀的脸庞，她没答话，只是笑盈盈地点了点头。进去后我才发现，里面别有洞天。左边的庭院，显然是露天餐台，老屋相围，花妖草秀，环境怡人。右边敞开式的过厅里，有圆木制作的茶台，隔着葳蕤繁盛的天井，又是一个敞厅，装饰成古色古香的书吧，品茗、聊天、阅读，再配上舒缓的音乐，仿佛一方隔离尘世的净土。再往里走，

▼ 满脚泥泞，走到嘉陵江边。这里果然水面宽阔，江畔如弯月

▲ “辜家大院”始建于明末，是目前西南地区少有的保存完好的三进四院落

是两进的院落，两边老屋改为客房，从敞开的房门望进去，配置的是现代化设施。我问闲坐在花坛旁的住客，价格堪比五星级酒店，我吐了下舌头，想起门口招牌上的那句话“就算终有一散，也别辜负相遇”，是呀，物有所值且不论，能在明代老屋寄宿，说明彼此的缘分，今世万不可错过。

离开辜家大院，路过一口古井，竟然也是明代遗物，砌了青砖围墙，整套的辘轳还在，井口罩着铸铁井盖。井旁有挂牌说明：为祈求井水丰满，井壁井底皆为八卦状，故名“八卦井”。近旁一座院落，白墙起脊，木门漆黑，两侧挂有楹联：“想当年铁马金戈，蜀汉于斯兴霸业；聚一代功臣雄主，后人到此仰雄风”。当年，刘备在此操练兵马，便叫“剑刀坝”，不但名字流传至今，古城人为永世铭记，还在原址建了这座“剑刀坝君臣园”。怀着崇敬之情，我们进去转了转。园内甬道按太极图形铺设，斑竹翠绿，曾在昭化战斗过的蜀汉人物石雕像掩映其间，若隐若现，有种隔空相见的神秘感。

◀ 能在明代老屋寄宿，说明彼此的缘分，今世万不可错过

◀ 顶层阁楼的檐下，悬挂“葭萌关”巨幅匾额，雄关气势勃然而起

西城门与东门相似，门洞上方，刻着“临清”二字，城楼两侧连着一段古城墙，据考证，为汉代的遗物。墙体下宽上窄，逐渐倾斜，大块的石砖，表面平整，缝隙生满绿苔，好像是特意嵌进去的。顶层阁楼的檐下，悬挂“葭萌关”巨幅匾额，雄关气势勃然而起。关于葭萌关，史料形容其“峰连玉垒，地接锦城，襟剑阁而带葭萌，踞嘉陵而枕白水，诚天设之雄也”。昭化建城之前，葭萌关就已存在，为成都到长安的必经之地。昭化城池建成后，此关隘依然存在，就是这座“临清门”，它既是古城西门，也是葭萌关的关口，以“城”为“关”的关隘，全国可能仅此一处，其他地方都是分设。城门不远处，是一座“葭萌亭”，两层的亭阁，横跨街面，与沿街建筑融为一体，丝毫看不出是复古建筑。在它的附近，我看到古葭萌关的石碑，立在街边不显眼的地方。

沿城墙外的护城河，走到原来南门的位置，地上堆着建筑材料，但愿是在重建这座城门，这样昭化就是完整的古城了。从这里折回城内，先经过路旁的城隍庙。中国古代，城隍被视为保护神，凡有城池的地方，大多建有城隍庙。昭化也不例外，唐代便建了此庙，多次被毁，多次重建，如今这座城隍庙，肃穆威严，为近年按原样复建的。

▲ 古柏映衬下，城隍庙似乎恢复了从前的面目，弥漫着古老而神秘的气息

内部两堂两庑，前堂是地藏菩萨塑像，墙上绘有14幅行孝行善故事图；后面是“城隍殿”，塑有城隍爷和财神爷像等。庙内两棵古柏树，传说是当年张飞所栽，人们一直叫它“张飞柏”。高大的古柏映衬下，城隍庙似乎恢复了从前的面目，弥漫着古老而神秘的气息。

昭化从设葭萌县始，历经蜀国的汉寿县，宋代的昭化县，至今有2000多年的建县史。原来大量的县署、文庙、考棚等公共场所，2008年前后，全部都复建起来，仿照原样，使用传统工艺，达到足可乱真的效果，这项了不起的功绩，将是古城史记中精彩的一页。古城面积不大，结构谨严，布局简单，4条大街，5条小巷，街巷之间“丁”字相连，具有“道路交错相通，城门不相对”的军事防御特色。难怪走完4座城门，我对其方位迷惑不解，东西两门不对应，南北两门也不对应；街巷数量虽不多，但由于是丁字路口，更容易让人迷路。古城人都在忙碌，不方便打扰人家，我只好一边走，一边注意路标，转了老半天，在贞节牌坊西侧，总算找到这几处“修旧如故”的建筑，而且须购票参观。

县署自然在县衙街，一段斜坡上去，居于城内最高处，不知是否为原址。十几级台阶之上，始建于唐代的县府衙门，如从天上落下。头门为敞开式，威风凛凛，上方悬挂“昭化县署”黑底金字横匾，两侧有抱柱联“不负苍天何论官位只七品，常思黎庶生怕民心失半分”，东侧立有“喊冤鼓”，西侧竖两个石碑，分别刻着“诬告加三等”“越诉笞五十”。迈过高高的门槛，过厅后面是“亲民堂”，应该是知县审案的大堂，摆放三尺公案，背后屏风绘“海水朝日图”，上方高悬着“明镜高悬”匾额，大堂后面是知县和家眷的居所。

2018年春天，我路过景德镇时，曾到浮梁古县衙参观（全国唯一的五品县衙），相比之下，这座复古县衙过于简单，不过也基本还原了旧时面貌。

县署旁边是文庙，即孔庙，规模比县署要大得多。这座孔庙始建于宋代，历代曾改建7次，大部分已被毁，只有大成殿幸存，总算给老夫子留了点面子。门前平台上，前后竖立两座石牌楼，分别为“德配天地”“道冠古今”。正面又是“棂星门”石牌楼，也是孔庙的外门，全国所有的孔庙中轴线上，都立有这一传统建筑。古代传说棂星为天上文星，以此意寓孔子是天上星宿下凡。进去跨过小石桥，穿过大成门，最里面是那座遗存的大成殿，清代嘉庆二十二年（1817）所建，虽然修缮一新，仍能窥视出沧桑的旧貌。

◀十几级台阶之上，始建于唐代的县府衙门，活灵活现

◀“棂星门”石牌楼，也是孔庙的外门，全国所有的孔庙中轴线上，都立有这一传统建筑

▲ 此时站在这里，面对古代的考场，突然有了跃跃欲试的想法

清代县署所在地，必备科举考试场所，称为“考棚”。明代科举考试制度，分为乡试、会试、殿试三级，到了清代，由于乡试生员增多，增加了童试一级，作为地方考试，包括县试、府试和院试，随即在州、县设置了考棚。昭化复建的考棚，毗邻文庙，在考棚巷道内。清代同治年间的建筑，已被毁损，这类建筑能够重建，说明古城人的心中，读书成才、报效祖国的火焰远没有熄灭。我曾参加1977年的高考，考场在大洼县（今大洼区）城的一所中学，此时站在这里，面对古代的考场，突然有了跃跃欲试的想法，自己随即又笑了。考棚大门建得庄严，里面三进院落，呈阶梯式布局，大概是寓意步步高升，可供300多名考生同时考试。一进院里设听事房（值班室）、管房（监考人员休息场所）、两侧是考舍（考场）；二进设大堂（主考官办公场）、照房（档案室）；最高处是致公堂（阅卷室），里面有《中国历代科举制度简介》。尽管是复原建筑，我还是非常惊奇，特别是小小的考舍，约10平方米的隔间，考生要自带行李，考试期间的几天内，吃喝拉撒睡全在里面解决。

…………

古城的故事太多了，足足逛了大半天，仍然意犹未尽，因为还有“汉寿坛”“孝友”牌坊等等，我还没有亲眼看到。

开车驶离昭化，车上有电视剧《三国演义》主题曲的CD，我们一路听着，仿佛策马扬鞭在蜀汉大地上。

回来后听朋友说，昭化附近有剑门关，特别是鸟道，没能去攀爬一次，实为遗憾。

红军桥

这是一座古桥，原名“合益桥”，而后被当地人改叫“红军桥”。直到今天，这里还传诵着它那可歌可泣的故事。

1935年4月，红四方面军突破国民党军嘉陵江防线，来到青林口镇，红军宣传党的方针政策，组织群众分田地，并建立了苏维埃政权。一个多月后，因战事需要，部队奉命转移离开。队伍中一位刘姓女战士，因伤不能随队出发，被安置在镇里的老乡家。红军走后，由于坏人的出卖，女战士被还乡团抓了起来。面对敌人的严刑拷打，她大义凛然，宁死不屈，最后英勇就义于“合益桥”南头的木柱上。新中国成立后，青林口人为纪念这位红军女战士，集体向上级部门请愿，建议将“合益桥”改名为“红军桥”，1956年县政府批准将该桥正式更名。

红军桥位于青林口镇的中心，建在一条小河上，河水从附近山谷流出来，小河便有了美丽的名字：清云溪。红军桥连接镇内的老街和新街，是古时出入青林口的必经之路。从公路转弯处下来，我们往镇里走，先要经过新街。两侧深褐色的板门，脚下碎石的街路，不像是“新街”模样，所以称为新街，似乎在告诉人们：往里走，还有老街。街面生意冷清，敞开的店铺里，人们围坐着打牌休闲。走到新街尽头，就是红军桥了，距离很远，就看到了桥檐下那块醒目的牌匾。

红军桥原来是木桥，始建于清代乾隆五十六年（1791），当时桥上还有亭阁，后来整座桥毁于火灾。嘉庆十四年（1809），由于出行不便，民众便集资筹款，复建了这座三孔石拱桥，到了晚清时候，又仿照原桥补建了亭楼。

来到古桥前，同伴几步迈了上去，我没有急于上桥，而是绕到溪水边，从侧面观赏古桥的整体。

已经过了雨季，河里水流不大，桥基全部裸露出来，像一个巨大的古桥模型，摆放在那里，让你随意欣赏拍摄。桥高有7米多，长度近24米，桥身块石砌筑，桥栏石板相围，木结构的亭楼，覆盖整个桥面，三段悬山式造型，玲珑精致，中间高楼八角飞檐，角端系有铜铃，微风吹来，发出叮当之声，两侧檐口伸出桥外，舒展出古典式的美姿。

返回上了桥。十几级台阶，分两段连接到桥面。桥宽不到7米，略显紧凑，桥面铺设石板，几组粗硕的木柱，结结实实支撑着亭楼，栏边放置长椅，类似廊桥的功能，晴天可遮阳，雨天可避雨。桥上立有几块当年的石碑，上面刻着“拥护红军”“坚决反帝抗日”“红军是穷人的救星”等，字体巨大，清晰可见，向后人展示那段血雨腥风的历史。我们在碑前肃立片刻，缅怀为新中国的建立献出生命的英烈们。

过了红军桥，就是老街了，也是青林口建镇时的区域，仍然保持着当年的格局。

青林口镇，建于元末明初，地处蜀道剑门关的南端。从自然地理位置看，王爷和人字两山，高峻雄奇，茂林叠翠，绵延数十里，在古镇前突然而止，形成险要的隘口，青林口不知是否因此得名。红军桥下流过的青云溪，汇入镇外的潼江，沿潼江经雁门，上可绕过剑门抵广元，下可直抵江油，过绵阳至成都，因此说，青林

▲ 已经过了雨季，河里水流不大，桥基全部裸露出来

► 红军桥连接镇内的老街和新街，是古时出入青林口的必经之路

口是川北蜀道第一镇。由于地处交通要道，明清两代，这里已是著名的旱码头和商品集散地，商铺、客栈、钱庄、作坊林立，人流往来稠密，市场买卖兴隆。

老街以红军桥为中心，分成南北两段，由于依山临河而建，街道窄而曲，房屋也建得稠密。顺着右侧方向，我们先拐到北面。和新街相比，老街显得有些破旧甚至沧桑，石板路两旁，多是檐式木结构老屋，带有明清时代建筑的特征，青石柱磩，小青瓦覆盖，正面木门板，分隔成上下两层，上层住人，下层客厅或厨房。也有的人家，将临街屋面改为商铺，商品大多是当地的土特产。偶尔还能看到，有的老屋栏柱和窗格等处，装饰着简朴的木雕图案。临河的建筑，是悬空吊脚楼，当年的亭台楼阁，面目残破不堪，依稀可辨出原来的模样。高大的阔叶梧桐，虽然已是秋季，仍然枝繁叶茂，遮天蔽日。

历史上的青林口镇，建有五省会馆、众多庙宇馆舍，如今多数已不复存在，仅留几座经典建筑，勉强反映着古镇曾经的繁荣。红军桥边的“闽粤会馆”，首先出现在我们面前。根据古镇史料记载，这座建于清代乾隆初年的院落，应该是当年的“禹王宫”，由两湖、两广移民集资修建，大门上方，“闽粤会馆”烫金匾额，颜色鲜亮，显然是近年之作，两侧红底金字对联“货经两码头上秦陇下蓉渝舟车自便成往事，场占三乡地集资财聚商贾买卖从人忆当年”，描述出曾经热闹的商埠情景。从门庭穿过，里面是一个庭院，正面是大殿，几级台阶之上，一排木栅栏，后面是残破的废墟；转过身来，门庭之上是一座戏楼，和大殿相对应，保存得完整，雕梁画栋，飞檐翘角，风采依旧。我看了看地势，大殿靠近河边，估计是被洪水冲毁，否则两座建筑不会如此天壤之别。

闽粤会馆旁边的“付家大院”，同样遭此厄运，令人扼腕叹息。这座清代进士、龙安府学的私宅，依山而建，原是典型的川西北三进式民居建筑，如今只留下高高的台阶，天井内的两棵铁树“不知愁滋味”，依然长势旺盛，生机勃勃。

沿老街走到尽头，是一组大型老建筑：火神庙和文昌宫。火神庙“辈分”大，始建于明代，清代光绪十七年（1891）重修，正殿供奉火神，保佑古镇免遭火灾之患，偏殿里是四大天王。火神庙规模小，没有什么特别之处。

文昌宫紧邻火神庙，由过街桥楼相连，街院合一，为明清建筑的典范。文昌宫原名魁星楼，清代光绪二十四年（1898）修建，后依青山，茂林修竹，前临潼江，水阔缓流，楼高15米，仿照滕王阁的式样，造型美观大方，飞檐翘角，瓦铺琉璃。临街的一面，只能观其上部，进门穿过大殿，下十几级台阶，回头再望，才能见其气宇轩昂之姿。前檐台明上雕有龙头，神态威严，俯瞰着脚下的潼江。文昌宫为3层，大殿供奉文昌帝君，庇护百姓文运昌盛，凡考必中；中层供地藏王；顶层是魁星，奇怪的是，这里没有香火，冷冷清清，不见人影。可能年久失修，又少维修管护，整座建筑似乎满是灰尘，黯然破败，看了让人内心不忍，有一种惋惜或压抑之感。

此次出行，我带了新买的无人机，虽然操作尚不熟练，还是升空拍了俯瞰红军桥的照片。

转身往回走，到了红军桥位置，老街的南向段，有“半边街”路标，同伴歇在路旁。我独自往前走了一段，路面虽为青石板，两侧建筑

▲ 文昌宫原名魁星楼，仿照滕王阁的式样，造型美观大方，飞檐翘角，瓦铺琉璃

多为铺面式样，零零散散，而且残破不堪，只有少数老屋还有人居住。这段老街是青林口最早的中心，我却实在想象不出当时的辉煌场景。

据镇上老人讲，历史上的青林口，临河和靠山之处，满是各种参天古树，层层如盖，枝叶繁茂。各家门前栽植阔叶梧桐，引来大批白鹤和鹭鸶在此安家落户，每天清晨和黄昏，成群结队在河边沙滩上栖息，或在浅水捕鱼捉虾，与村民和谐相处，俨然一幅多种生物天然共存的图景。20世纪50年代为了发展经济，周围林木都被砍伐，白鹤和鹭鸶等也消失无影，时至今日，也没能恢复原有的生态环境。

站在潼江边上，望着横跨江面的一座铁索桥，我思绪翻腾，难以平抑。这座名为永济的铁桥，宽度4米，长度128米，曾多次毁于洪灾，1926年，由民众集资重

▶ 老街的南向段，路面虽为青石板，两侧建筑多为铺面式样，零零散散，而且残破不堪

新建造。有关史料记载，此桥所用材料，从汉阳经水路至重庆，再用人力运到青林口，由工匠将其锻造成8条连环铁索，上面铺设木板，建桥之难可见一斑。桥头还建有“锁水寺”，立有巨型石碑等。不过，我没想过去看，担心这些文物建筑如果不复存在，会给心情带来更多沮丧。

T形的青林口镇，精巧而浓厚，历史上是氐、羌和汉族融汇处，中原文化与蜀汉文化在此融汇，文化底蕴悠长，加之山水灵气，人才辈出。古代便出了两位进士、一位翰林学士，并众多廪生、贡生、秀才。据说，如今这里好学之风依然，走出很多服务社会的有用人才。

现在的青林口，名为古镇，实际是行政村建制。

往镇外走，又经过红军桥，几个当地老妇闲坐在桥上，不知她们是否还记得80多年前的往事。我忽然幻想，如果那个红军女战士能活到今天，她一定也会坐在这里，享受人世间的时光岁月……随之，我的眼睛湿润了。

▼ 站在潼江边上，望着横跨江面的一座铁索桥，我思绪翻腾

无人机遗失在那里

对羌族的最早印象，是初读唐诗时的那句“羌笛何须怨杨柳”，让我知道了这个古老的民族，以后虽有耳闻，也很少上心。2008年汶川大地震，我才想起生活在那里的羌族人，好长时间为他们心痛不已。

四川阿坝藏族羌族自治州，我国唯一的市州级羌族聚居地区。桃坪羌寨在该州理县境内，这次川渝古村落之旅，它当然是我们寻访的重点目标之一。虽然只停留了一天，但是回家多日，我仍然念念不忘，除了羌寨的独特魅力让人留恋，还因为我把无人机遗失在那里。

说来好像鬼使神差，本来我已经登上观景台，把羌寨全貌拍摄完毕，心血来潮，非要用无人机再拍几张，结果操作失误，飞机落到寨外的山上。按照北斗定位，我找到那个地点，因山势陡峭，无法攀登上去。回到客栈，说给店主周老汉，他执意和我返回那里。到了遗失之地附近，他手脚麻利地爬上山，在岩石夹缝中寻找，我担

▼ 我要给路边开饭店的老妇拍张照片，她听明白了，笑着面对镜头。没等走入羌寨，我们就被羌族人的温情感动了

心他摔下来，拼命喊他下来了。虽然飞机没找到，我却深深被他质朴的古道热肠感动了。

我第一次接触的羌族人，并不是这位周老汉，而是路边开饭店的老妇。来桃坪羌寨的路上，快到目的地时，肚子饿了，停车在路边小饭店。开饭店的是位老妇，身着羌族服装，面容慈善，普通话她听不懂，自作主张做了一盆河鱼炖豆腐端上来，大米饭随便盛。我们吃饭，她坐在一旁，笑眯眯地瞅着。吃完饭，我要给她

▼ 本来我已经登上观景台，把羌寨全貌拍摄完毕，心血来潮，非要用无人机再拍几张，结果操作失误，飞机落到寨外的山上

拍张照片，她听明白了，笑着面对镜头。没等走入羌寨，我们就被羌族人的温情感动了。

寨门旁一大片平地，几幢三四层的小楼，片石垒砌，厚墙平顶，挂满客栈或饭店的招牌。周老汉家的“花园酒店”也在其中，店名响亮，院里又能停车，我们便住了进去。周老汉当然是羌族，身着汉族服装，虽会说普通话，交流起来也挺费劲。

桃坪羌寨是一个行政村，隶属桃坪镇，镇政府的所在地。史料记载，羌寨建于公元前111年，历经2000多年的磨难，所幸得以完整保存下来，并且传承了羌族所有的传统特色。如今，寨中仍居住近百户“格尔麦阿嘎”（羌语中“古巷人家”的意思）。

▲ 羌寨建于公元前111年，历经2000多年的磨难，所幸得以完整保存下来

羌寨倚山而建，站在客栈门前望过去，一片黄褐色的石屋，顺山逐坡，密密匝匝，高低错落，其中几座细高的碉楼，如鹤立鸡群，挺拔屹立，形成极富立体感的建筑群落。寨里很多女人都兼做导游，我们对羌族习俗不熟悉，于是就雇了一位，她40多岁，一身蓝色民族服装，说话勉强能听得懂。我们跟着导游，一段坡路走上去，一抬头，仿佛来到石头堆砌的原始部落。所有房屋的墙体，全部用卵石、片石混搭建构，不论二层或是三层，房体都呈方形，有的又外套围墙，窗口都开得不大，而且外小内大，不知为防寒防盗，还是为御敌时便于射击？为数不多的树木，伸出了院墙，高过了屋顶，枝繁叶茂，点缀出绿色生命的色彩。通过导游介绍，我们大体了解到，羌族建筑大致分为两类：碉楼和碉房。碉楼是古代建筑的遗存，用来御敌、储存粮食及柴草等，多矗立于关口要隘或村寨中心；碉房羌语叫“庄房”，为居住用房，一般是三层，也有两层或四层，上层堆放粮食，中层住人，下层圈养牲畜。楼层间用木梯连接，房顶是个大平台，可堆放和晾晒物品，四角或一角垒有塔形石龛，里面一块卵状白石头，为羌族供奉的白石神，体现他们“人在畜上、神在人上”的千年传统思想。

▲ 寨子布局随意，房屋也建得稠密，很多墙院无缝相接，甚至连成一体

羌族房屋坚固长久，短则几百年，长则上千年，却很少看到有破损之处，不知奥秘何在。听了导游讲解，我大致归纳如下：一是就地取材，附近山上的土石，亿万年形成的天然建材；二是房基深达1—2米，宽约1米，里面用石片铺垫，异常坚固；三是用黄泥黏合片石，自下而上，墙体由厚渐薄，重点略偏向室内，形成向心力，相互挤压固牢。桃坪距汶川城区16公里，2008年的8.0级大地震，这里略受影响，个别房屋出现裂缝，仅有少数垮塌，不能不说羌寨建筑创造了世人所惊叹的奇迹。

寨子布局随意，房屋也建得稠密，很多墙院无缝相接，甚至连成一体。有的屋顶相邻，就用木板铺成天桥，形成便捷的空中通道。再看巷道，纵横交错，狭窄而曲折，随意穿梭在一面面墙体之间，有的巷道上方，又搭建了房屋，形成幽深的暗道，显得更为扑朔迷离。如果没有导游引路，不要说游览参观，轻易别想走出这迷宫般的寨子。导游证实道，羌寨布局看似随意，实则暗藏玄机，兼顾了防御、安全、逃生等多种功能，外人盲目进来，如入八卦阵，进来容易，出去困难。我想，桃坪地处川藏接合部，特殊的地理位置让羌族先民在建寨之初，就充分考虑到了类似关隘要塞的军事功能。

◀ 羌寨布局看似随意，实则暗藏玄机，兼顾了防御、安全、逃生等多种功能

◀ 建房之初，既没有图纸，也不用测量，全凭经验和感觉，信手用黄泥、片石等普通的材料，建成工艺规范、结构合理的房屋

说到羌族祖先的伟大建筑工艺，导游满脸自豪：建房之初，既没有图纸，也不用测量，全凭经验和感觉，信手用黄泥、片石等普通的材料，建成工艺规范、结构合理的房屋，毋庸置疑，算得上世界建筑史的一大奇观。随即，我们走进几户古民居，感受它的内部构造和羌族的生活习俗。

羌族人朴实厚道，每个家庭都不设防，随便游人出入参观，而且我发现，很多屋里主人都不在。其中的"杨家大院"，是寨内最古老、最有代表性的羌族古建筑，至今已有1000多年历史，政府将其定为"重点保护民居"，在门口挂上了标牌。走进这座千年老屋，里面昏暗，需要灯光照明。进门后先是堂屋，地面有一个火塘，正方的凹坑，四周用石条砌成台基，坑中央放置铁架，台基上铺垫兽皮、羊毛织物等，便于家人团团围坐。导游介绍，羌族人对火塘尊崇至极，其缘由，是他们对火的敬畏和崇拜。在羌族神话传说中，火神和羌女生下儿子，火神教会他用两块白石撞击取火，这样，每家火塘就成了火神居留之处，同时，也象征着这个民族具有的凝聚力。在火种不易采集的年代，羌族家庭的火塘终年不灭，俗称"万年火"，如今已演变为羌族传统文化的载体之一。屋内四周墙面，和外墙一样，是裸露的石壁，应该有些年头了。另外几面墙上，挂了很多彩色照片，还有几张兽皮、几个公羊头，文明和野性，相映成趣，看了让人忍俊不禁。我对照片感兴趣，凑近观瞧，有领导及名人来视察参观的，有影视剧照，背景全是寨里的环境，还有专业摄影人的民俗照片等。房子内部也像迷宫，一间套一间，迈过一道门槛，是摆满生活用品的房间，陈旧的木柜、粗陶瓦罐、祭祀神龛，还有一些不知名的物件；再往里走，过了敞开的木雕门，是一个方形客厅，四周几组木雕椅子，木榻上方墙壁上，悬吊一张仿制虎皮，威风凛凛；最里边是卧室，昏暗的光线下，一张雕花木床，幔帐半掀，床面零乱，弥漫着阴森气息。我不禁愕然：难道还有人居住？导游见我惊慌的样子，笑着解释："早就不住人了，专门腾出来留给游客参观。"据她介绍，这座6层的老屋，共有72道门，还有地下水网，犹如一座小型的迷宫。我们跟着她，上了几级木梯，来到顶层的平台。这里虽不是寨子最高处，却是观赏和拍摄全寨的最佳地点。我欣喜若狂，从各个角度拍摄，特别是那几幢碉楼，外形呈四角，基部较宽，逐渐向上收缩，挺拔雄伟，大有直插云天的气势，更让我心驰神

▼ 堂屋地面有一个火塘，正方的凹坑，四周用石条砌成台基

往，恨不得立刻飞上去。

很快，我们就登上一座碉楼。寨子里有三大碉楼，其中唯一有名称的，就是这座“哨碉”。碉楼的前世今生，与羌族人的生存息息相关，据《后汉书·西南夷传》记载：羌人“依山而止，垒石为室，高者十余丈，谓之邛笼”。“邛笼”，羌语即为碉楼。历史上，古羌人命运多舛，西夏王朝建立后，因与中原摩擦不断，屡遭各朝代派兵袭扰，王朝灭亡后，羌人后裔散落四川各地，为免受战乱和匪患之苦，他们建造碉楼和碉房为一体的建筑群落，彼此交错相通，形成全方位的军事防御体系，其中以碉楼为核心，内设斗窗、射击孔等，居高临下地打击敌人。千百年来，无数刀枪剑戈、火炮洋枪，都未曾攻破这凝聚着羌族人智慧的“厚重城门”。今天，战争硝烟早已散去，碉楼作为羌族文化的重要载体，承担起传承这个民族坚韧而沧桑的历史重任。

▲ 房子内部也像迷宫，一间套一间

再来看碉楼内部。一、二层是生活区，经过屋顶平台，往上就是三至九层的碉楼。简陋的木梯，通道狭窄，只能容一人攀上爬下。沿着黝黑的石壁，折转攀登，各层四面都有射击窗口，可以清晰看到外面，顶楼设有钟孔，遇有敌情，可以起到烽火相传的作用，完全是一座易守难攻的堡垒式建筑。从碉楼下来，气喘吁吁，激动的心跳更难以抑制。

羌寨还有神奇之处，那就是地下水网。在“杨家大院”房屋下面，有通道可以进去参观。据导游介绍，羌寨依山傍河，古羌人建寨之时，就开掘出地下暗渠，宽50—60厘米，高80厘米，将地下丰富的水源引入，流经各家的屋下，掀

▼ 很快，我们就登上一座碉楼。寨子里有三大碉楼，其中唯一有名称的，就是这座“哨碉”

开活动盖板，就可以取水使用。一可提供饮水，二可用于灌溉，三可消防灭火，而且还能调节室温，名副其实的“绿色空调”，即使发生战事全寨被困，也可通过水网自救或逃生。我可以断定，羌寨这种地下水利设施，在国内古村落中独一无二，“神秘的东方古堡”的称谓名副其实。

寨内建有观景台，矗立在一座突兀的小山上，我们抛开导游，顺着坡路往山上走。山腰一户人家前，站着一位老妇，头缠黑色布巾，一身传统的民族服饰，见我们是游客，她露出仅存的几颗牙，说了一通羌语，我当然听不懂，示意要给她拍照，她不反对，还叉腰摆出架势。再往上是石阶，观景台在山顶，水泥抹的平台，高度不及碉楼，视野却更为广阔，能够将整个羌寨尽收眼底。岷江的支流杂谷脑河，从寨子旁边静静流过，阳光下，波光粼粼，犹如巨型的镜面，映衬着勤劳的羌族人，他们世代生存在这块土地上，不屈不挠，自强不息，走过漫漫的历史行程，创造和保留下来优秀的民族文化。拍完羌寨全景照片，我倚着栏杆歇息，这时，耳边似有悠扬的笛声，清脆高亢中，隐含着悲怆思念之叹……我想，如果真有笛声，那一定是羌笛，而且是从遥远的唐代传来。古老的羌笛，为双管多孔乐器，用高山上生长的油竹制成，汉代就已流传到甘肃、四川一带，唐代则在边塞所常见，为军队兵士自娱的乐器，故而经常出现在边塞诗歌中。说到乐器，不能不提及歌舞，因为羌族的歌舞，最能代表他们热情奔放的性格。羌族歌舞形式多样，有独唱、对

▶ 山腰一户人家前，站着一位老妇，头缠黑色布巾，一身传统的民族服饰

唱，还有集体对歌，奔放的沙朗舞（类似藏族舞蹈“锅庄”），男女老幼都能参与，每当节日或农闲时，大家围成圆圈，自右而左，边歌边舞，气氛非常热烈；而皮鼓舞，原是巫师祭神时跳的，后来演变为风格粗犷的舞蹈，成为羌族歌舞艺术中绚丽的奇葩。此时，我的记忆中突然闪出一幕：2003年的某月，我在成都开完会，随团坐车去九寨沟游玩，中午在一个羌寨歇息，享用完丰盛的羌餐，羌族男女青年载歌载舞，还拉着我们一起欢乐，热闹的场面盛满民族之间的亲情。如果不是此次又来羌寨，那份记忆恐怕就永远消失了。还有羌绣，不仅是羌族人的文化特色，也是中华民族灿烂文化中的一大瑰宝。羌族姑娘从小喜欢刺绣，经年累月，技艺日臻精湛，到了出嫁的时候，她们都要亲手缝绣自己的嫁衣，去开始幸福美满的人生……一下子想了这么多，心中涌出难以名状的激动，我的眼泪都快要流出来了。

从观景平台下来，我意犹未尽，从包里拿出无人机，操纵它快速升空，要在更高的空中拍摄。结果，它就再也没飞回来了，带着我的情感和遗憾，永远降落在这片岩石裸露的大山之中。

回家半个月后，周老汉来电话，说有人捡到我的无人机了，联系之后发现是另外的型号，并不是我丢失的那架。

不心疼，把自己的无人机留在那里，能让我时常想起遥远而美丽的桃坪羌寨。

甲居藏寨

丹巴县在甘孜藏族自治州境内，以藏寨、碉楼、美女闻名于世。我们的丹巴之行，虽然只到了甲居藏寨，也不失是一次震撼心灵的难忘之旅。

从桃坪羌寨出来，直奔丹巴县，大部分路段与大渡河并行，迂回曲折，6个小时的车程，一直走了10个小时，足见蜀道之难。丹巴藏寨，是指居住在丹巴、康定等地的嘉绒藏族居住的村落，以甲居、聂呷、梭坡和巴底最为集中。导航丹巴藏寨，汽车载我们来到甲居藏寨的寨门前。

▼ 到丹巴县的大部分路段迂回曲折，6个小时的车程，走了10个小时，足见蜀道之难

这里是大金河谷地带，甲居藏寨依山而建，层层向上，伸延至卡帕玛群峰脚下。一幢幢藏式寨楼散落在绿树丛中，迤逦连绵，或星罗棋布，或稠密集中，或在高山悬崖上，或在河坝绿茵间。炊烟袅袅，云雾缭绕，一幅田园牧歌式的画卷悬于天地之间。

游览过众多美丽河山，此等壮丽景象，还是极少见到，我一时惊呆无语了。痴情远眺时，一个骑摩托车的小伙儿来到面前，他自称丹增，说家里在山上开办了客栈，邀我们去住宿。我们见他相貌和善，满脸真诚，便开车随他上了山。新修的水泥路，平坦坚实，拐了几个弯道，来到半山腰的“嘉绒人家乡村酒店”，也就是丹增的家。向阳的一面山坡，路边是停车场，从一个陡坡下去，才算是进入“酒店”。宽大的院落，也可以泊车，为方便搬运行李，我小心翼翼把车开了下去。厨房餐厅之外，3层的藏式小楼，墙壁和窗棂等处，缀满藏式符号，圣洁而神秘。楼上楼下十几间客房，双人间200元，供应早、晚餐，屋内简洁，卫生设施齐全。

▲ 丹增家里的客栈，3层的藏式小楼，墙壁和窗棂等处，缀满藏式符号，圣洁而神秘

安顿下来，丹增和我们聊了几句。他高中毕业后，犹豫再三，没有去报考大学，选择回家和父母经营客栈，他负责在寨门口揽客，然后骑摩托车带回来，母亲打理客房，父亲后厨做饭，客人多时，住在寨子里的表姐也过来帮忙。他还介绍了丹巴几个藏寨的各自特色：甲居是寨房，梭坡是碉楼，至于巴底乡，虽有“美人谷”之称，不过去了后会后悔，因为她们多数去了大城市发展。说完这么多，他抱歉一笑，骑上摩托又去下山接客。

外面飘着细雨，还没到晚饭时间，我走出房间，来到餐厅前的庭院。临山坡处栽满鲜花，几棵梨树挂满了

◀ 丹增的表姐双手拨弄长长的木梭，身体大幅度地一伸一屈，随着咯嗒咯嗒的声响，褐色的藏布神奇地变了出来

果实，顶部有藤架遮蔽，浓密的绿荫下，可坐在木椅上观景。这里视野开阔，极目四望：远处的山峦，上半部被云雾笼罩，云是雪白雪白的，不断变幻移动着，山峰偶尔露出，没等你细瞧，很快又隐匿无形了；近处的山坡上，一幢幢各式藏楼，朦朦胧胧，如同童话世界里的小屋，你的心都要融化在这绒毛般的雨雾中。靠近矮墙边，一个姑娘正在织布，只见她坐在垫子上，腰腿固定，双手拨弄长长的木梭，身体大幅度地一伸一屈，随着咯嗒咯嗒的声响，褐色的藏布神奇地变了出来。她就是丹增的表姐，一身城市青年的衣着，如果不听她说话，根本看不出是藏族姑娘。姑娘不健谈，普通话也说得勉强，你问一句，她答一句，关于嘉绒藏族，交流了半天，我总算听明白了。历史上，嘉绒人为独立的民族，讲自己的语言（藏语方言），1954年才由国家确定为"嘉绒藏族"。与西藏地区的藏族不同，从古至今，他们信奉的是墨尔多神山（藏区四大神山之一），"嘉绒"，即指墨尔多神山四周地区。而"甲居"，是藏语中百户人家之意。

第二天早晨，我迫不及待跑出屋，四周眺望，果然，昨晚的蒙蒙细雨，神奇地化作一条条洁白的束带，围系在一座座山峰身上，亦真亦幻，让人沉迷在梦境之中。我揉了揉眼睛，赶紧回屋拿上相机，开车奔向最近的观景台。

寨内在不同的高度，建了几个观景台，又用数字编了号，便于游人选择，你可以从不同角度，观赏和拍摄藏寨的全景或局部。看得出，他们注重旅游设施，设计精心，管理到位，包括寨路完善、客栈设置、花草树木的修整等。整个甲居藏寨，犹如一个静谧而圣洁的伊甸园，沐浴在清晨柔和的阳光里。

自古以来，嘉绒藏族的民居，统称为碉楼寨房。从外形看，既有

▶ 昨晚的蒙蒙细雨，神奇地化作一条条洁白的束带，围系在一座座山峰身上，亦真亦幻，让人沉迷在梦境之中

寨房特征，又有碉楼形态，简称叫寨楼，一般3至5层，背坡向阳，绿树环绕，掩映着屋顶巨大的露台。俯瞰整个寨子，寨楼或几幢成群，相互依偎，或离群索居，孑然独立；几座细高的古碉楼，与寨楼连为一体，有的独立于平地、山谷之中，有的筑在山脊巨石之上，三面悬空，巍然屹立，兼具古代的抗敌防御功能，守护这一方净土并黎民百姓。建造寨楼的材料，以采自当地的石、木为主，墙体用块石砌筑，以巨木为梁，上铺横木，再用泥覆顶，坚固防雨，长久不衰。在表面装饰上，各家寨楼基本统一，木构架和屋檐为红色，顶层环围涂黄、黑、白三色条纹，其余部分保持泥土本色，体现出嘉绒藏寨最明显的特色。嘉绒藏族喜爱白色，很多人家墙面上，可看到用白泥描画的宗教式图案，加之房顶飘动的玛尼旗，使得这座甲居藏寨更加神秘莫测、恬静祥和。每年的春节前夕，按照传统习俗，藏民都要用当地“白泥巴”配制出的染料，将自家寨楼涂刷一新，犹如披上

▼ 很多人家墙面上，可看到用白泥描画的宗教式图案，加之房顶飘动的玛尼旗，使得这座甲居藏寨更加神秘莫测、恬静祥和

节日盛装。难怪，我们视野中的寨楼，每一座都仿佛新建的，颜色鲜亮，凡尘不染。

在3号观景台，我结束了拍摄，正准备赶回客栈，只见两位头戴彩巾的藏族妇女，跟在几头黄牛后面，顺着柏油路走过来。她们轻声哼唱着，神态悠然自得，不知是放牧归来，还是去往牧场的路上。我向她们打招呼，对方说了几句藏语，见我一脸懵懂，便善意地笑了笑，“拜拜”了一声，转身渐行渐远。

▼ 两位头戴彩巾的藏族妇女，跟在几头黄牛后面，顺着柏油路走过来

吃完早饭，我们开车离开客栈，向山下的寨门驶去。“美人谷”没去，我们觉得没啥，因为听丹增说了，去了也是白跑一趟，倒是没看到碉楼奇观，遗憾之余，心有不甘，正要商量是否去梭坡，路旁一位妇女，朝我们招手示意。她虽然没穿藏服，看头上的彩色头帕，就知道是嘉绒藏族女人典型的标配，我一脚刹车，停在她身前。寨里人家都居住山上，出行靠走路，山路盘旋，很费时间，有营运的小巴士，等在路旁即可。有别的车经过时，如果是寨子里的，也能搭上走一段，而外来游人的车，只要你停下，他们连招呼都不打，打开车门就坐进来。这位妇女就是，上车后也不说话，理所应当的样子。我明白她是搭车，便问是下山吗？她回答“就是”。到了寨门口，见她要下车，我又顺嘴问道：“你要去哪儿？”她说去县城，我们也正想去看看，便拉着她一起过去。

路上，我们唠起她的家人。原来她是嫁到甲居的，娘家在别的寨子，男人几年前生病去世了，独生子在成都念技校。她说自己养猪、采蘑菇，能够维持生活，男人家的亲戚对她都很照顾，所以她也不想离开了。我问她梭坡远吗，我们想去看看碉楼，她说过了县城不远，有一个观景台，能看到很多的碉楼，并要带我们过去。我怕耽误她办事，她说就是去邮局给儿子寄钱，没有别

▲ 宽广的山坡上，遍布众多的寨楼，十几座碉楼立其间，雄姿巍峨，气势非凡

的事情。

丹巴县城建在大渡河畔，群山环抱，绿树相拥。城内所有的建筑，看上去都是近年新建的，街道狭窄，却整洁规范。我们穿城而过，来到5公里外的梭坡。观景台建在公路旁，平台上铺设木板，四周玻璃围栏，一组藏民劳作的雕像，栩栩如生地立在中央。观景台的对面，就是梭坡的藏寨，一面宽广的山坡上，遍布众多的寨楼，十几座碉楼立于其间，巍峨的雄姿，非凡的气势，估计来此看到它的人，都会惊叹不已。有资料显示，梭坡是整个丹巴，乃至世界上古碉楼最集中、数量最多的地方，现存的84座中，最早的竟然建于汉代！

离开观景台，我们送她返回县城。她掏出5元钱，说是车费，我们当然不能收。她又拿出手机，和我们加了微信，说她通过电商销售蘑菇，以后想买，可以便宜卖给我们。

和这位女藏民告别后，我对同伴说，其实我们说的话，她大多听不懂，却不表现出来，总是用“就是”来应答，免得我们尴尬。

神奇多彩的甲居藏寨，善良纯朴的嘉绒藏族人，将会永远留在我的记忆中。

李庄的遗憾

说李庄的遗憾，不是指李庄，而是我们过来时，正赶上全镇修缮改造，主要街区封闭禁入，众多古迹难得一见，不能不说是我们的莫大遗憾。

我来李庄的理由之一，是因为这里留有梁思成的踪迹，他的《中国建筑史》就是在这里完成的。那还是1940年，昆明屡遭日寇飞机轰炸，同济大学、金陵大学、中央研究院、中央博物院、中国营造学社（梁思成和林徽因当时供职于中国营造学社）等多所大学和科研机构等，不得不再次搬迁。当时，李庄上游的宜宾人口拥挤，无力接纳，下游的南溪又因多种原因而推却。危机之下，李庄人克服诸多困难，毅然接收了他们，为这些颠沛流离的专家和学者们，在那战火纷飞的动乱年代安置了一张书桌，直到抗战胜利后，才陆续迁回到原处。可以说，李庄是抗日战争时期大后方的文化中心之一。

李庄面积很大，改造分区域推进，东部尚待修缮，游人还可以进入，估计仍然是原有风貌。窥豹一斑，可知全局，我们不想错过机会，趣味盎然地走进一条古街。

◀ 李庄面积很大，改造分区域推进，东部尚待修缮，游人还可以进入

李庄是一个古镇，保存完整的明清古街巷，共有18条之多，而且全都沿用旧时名称，比如“羊街”，以前是牛羊交易市场，“席子巷”，因加工和销售草席得名。我们进入的古街巷叫“小春市街”，不知原是什么意思，地面方形石板，街边铺设石阶，以防雨水上漫。沿街的老建筑，多为清代或民国时期民居，砖木结构，青瓦覆顶，一层或二层，一条线整齐排列，雕花的门窗，做工精细，图案古朴，极有艺术观赏价值，也让人联想起旧时的悠悠岁月。这条街面商铺不多，深长的屋檐下，有居民坐在竹椅上，目光和蔼，向他们问路，会详细地指给你。也许是世代久居老屋，沉淀出古镇人厚道的品格，街旁几个整理桂圆的女人，我和她们搭讪几句，便递过一串给我吃，绝不是那种先尝后买的商业举动。

这条街的尽头，是长江的南岸。简易的码头，建在堤坝之上，踏着层层石阶下去，可以用手撩到凉爽的江水。江中停泊的船只上，悬挂“实施长江流域‘禁捕十年’制度，功在当代，利在千秋”的横幅标语，看了让人振奋：为了恢复绿水青山原貌，政府真是下大了决心，千秋万代，最终受益的是黎民百姓！这里的江面宽阔，水流急速，昼夜不息，不知带走李庄多少鲜为人知的故事。

▼ 街面商铺不多，深长的屋檐下，有居民坐在竹椅上，目光和蔼，向他们问路，会详细地指给你

李庄历史悠久，从明代开始设镇，明清两代均为水运重要码头和货物集散地，商贸繁华，文化兴盛，曾有“万里长江第一古镇”之称。关于李庄镇名的由来，据传，一是最早为李姓兄弟居住，他们在长江上以打鱼为生；二是镇内有一天然石柱，俗名“李桩”，久而久之，约定俗成，李庄便几百年叫了下来。

李庄镇人文景观荟萃，文物古迹众多。镇内有号称“九宫十八庙”的古建筑群，如今保存较好的古迹，有明代的慧光寺、东岳庙、旋螺殿等；规模较大的清代建筑，有禹王宫、东岳庙、南华宫、天上宫、祖师殿、文昌宫、慧光寺、张家祠堂、罗家祠堂、四姓大院民居、肖家院民居等。这些建筑群规模宏大，布局严谨，梁思成居住李庄时期，大为赞叹这些精湛的建筑艺术，并将旋螺殿、九龙石碑、百鹤窗、魁星阁称为“李庄四绝”。我们既然无法看到这些建筑，就跟随他的鉴赏目光，“隔空”来欣赏它们的丰采吧：旋螺殿，在镇南石牛山上，因殿内供有文昌帝像，又称文昌宫，主殿建于明代万历二十四年（1596），清代又多次增修，木结构二层三檐八角形亭阁式建筑，殿内顶部的藻井非常奇巧，斗拱层层而上，内承梁架，外挑檐枋，无榫无钉，垒砌而成，八面顶部均向右侧旋上，旋螺殿因此得

▼ 街旁几个整理桂圆的女人，我和她们搭讪几句，便递过一串给我吃

▼ 街的尽头，是长江的南岸。简易的码头，建在堤坝之上，踏着层层石阶下去，可以用手撩到凉爽的江水

名。九龙石碑，在慧光寺内，上面雕刻的9条神龙，形态各异，栩栩如生，酷似故宫太和殿前的九龙石雕。百鹤窗，在张家祠堂内，50扇窗户全部选用上等楠木，每扇上面都雕刻了2只仙鹤，四周有镂空的祥云衬托，清妙绝伦，举世罕见。据传，每扇窗户雕刻工价14两纹银，相当于清代正一品官员一个月的俸银。魁星阁，位于镇内江边凸出部位，建于清代光绪年间，3层木结构建筑，上下航行的船只距离10里即可看见，颇有导航作用，梁思成赞其“上海到宜宾2000多公里长江江边建造得最好的亭阁”，可惜现已不复存在，不知是何年拆除的。

为了减少此行的遗憾，就我了解到的文献资料，将镇内几个古迹的有关情况补记如下：

上河街的张家祠堂，清代道光十九年（1839）的建筑，占地面积4000平方米，两进的四合院落，由镇内张氏族人集资购得，辟为家族宗祠之用。除了那50扇的“百鹤窗”，抗日战争时期，中央博物院的数千箱珍贵文物，历经艰辛转运来李庄，就放置在这座大宅内保存，长达五六年之久。

慧光寺，原名禹王宫，位于李庄镇中心，清代道光十一年（1831）修建，由两个四合院构成，是李庄现存规模最大的古建筑。寺内的九龙石碑当然耀眼，而主院内的重檐歇山顶戏台，则是四川保存最完整的古戏台之一。1942年5月同济大学35周年校庆，就是在这里举行的。在这个戏台上，还上演过曹禺的话剧《雷雨》和《日出》。

上河街的东岳庙，始建于明代正德年间，清代道光七年（1827）重建，抗战时期，从昆明迁来的同济大学工学院，设置在此处。现在庙的山门，就是同济大学2006年出资修复的，右边的石碑上刻着“同济大学工学院旧址”。

军民街上的祖师殿，又名真武宫，清代道光十三年（1833）修建，是当年内迁的同济大学医学院所在地。医学院在此期间，攻克了川南一带长期流行的痹病，挽救了大批病人的生命。

在线子街东段，我们有幸看到了玉佛寺。牌楼式寺门，巍然屹立街旁，上面刻满青石浮雕和民间传统的吉祥图案。上部正中，红底白字的竖匾，上书“天上宫”。这座宗教建筑，清代道光二十五年（1845）由福建移民集资修建，包括山门、戏楼、大雄宝殿、观音阁等。新中国成立后，这里长期当作粮仓，因而保存较为完整。1999年更名玉佛寺，改为佛教活动场所。我对佛教感悟不深，一向敬而远之，站在门口静默片刻，并没有进去。

对了，还有古镇美食，也要描述几句。李庄的传统小吃，可以概括为“一花、二黄、三白”：一花是各样做法的花生；二黄是黄粑和黄辣丁，黄粑是糯米掺红糖，黄辣丁是长江里的小鱼；三白是白酒、白肉、白糕。如果不是要开车，我们真想切上一盘白肉，肥而不腻，麻辣调汁，一口白酒一口肉，想着就要流出口水了……

在镇里转半天，我们搞不清停车场的方向了，不知该从哪个路口出去，问路旁一位中年男人，他说正要去那边办事，便带我们穿过两条巷子，指了指前方的停车场后，却又扭头回去了。我恍然明白，原来他并非出来办事，而是特意来为我们指路。随即，我想到当年的梁思成们，正是因为受到古镇人的善待，才留下了中国文化历史的一段佳话。

待李庄修缮一新后，我们还想再来一趟，真的。

▼ 玉佛寺牌楼式的寺门，巍然屹立街旁，刻满青石浮雕，民间传统的吉祥图案，上部正中，红底白字的竖匾，上书“天上宫”

川南最美的古镇

自贡，千年的盐都。明代以来，随着产量剧增，仙市成为井盐出川的重要通道，这个建于隋代的小镇，也逐渐兴盛发展起来，从而闻名遐迩。

仙市镇成为盐运通道，借助于流经古镇旁的釜溪河。古时盐出自贡，除少量陆路外运，主要依靠水上运输，顺釜溪河而下，经仙市入沱江，最后在重庆进入长江，流往四川各地及省外。

而仙市镇的兴旺，则得益其天然“屏障”。原来，釜溪河流经这里时，因岸边有一片石滩，盐船无法径直通行，要将盐包全部卸下，从“上码头”搬运到“下码头”，再重新上船下行。盐船停留期间，还要受河水涨落影响，短则十几天，长达数月，船家、盐商，以及挑夫等，只能滞留在此。大量人流聚集，久而久之，繁荣的商埠自然形成，先后建起“四街、四栅、五庙、一祠、三码头”。进入古镇前，我暗自祈祷，但愿这些古迹保存完好，不枉我们此行的寻“美”之梦。

刚走进古镇，听说古码头还在，我们马上赶去寻找。前行不到百米，一幅巨大的霓虹灯架上，悬挂“中国盐运第一镇”几个大字，“三码头”之一的“下码头”就在这里。以前，除了用于盐运，每逢古镇有集市，附近民众便乘船而来，在此上岸赶集，所以也叫客运码头，现在仍供人渡河之用。几十级石阶下，是条石

▼ 几十级石阶下，是条石砌筑的码头平台。早晨下了小雨，石阶湿滑

砌筑的码头平台。早晨下了小雨，石阶湿滑，我们小心翼翼，一步步下到码头。雨水冲刷后，石阶呈现出乌亮颜色，我和同伴分析，估计是盐运工人的汗水，又混合了盐巴浸染的吧。码头系着待客的渡船，孤零零的，似有“野渡无人舟自横”的意境。

从“下码头”上来，是临河的“新河街”，古镇的“四街”之一。河边弥漫着晨雾，街对面一排建筑，仿佛披上薄薄的面纱，待你走近伸手拂开，古镇面容才会显现出来。“农家土菜馆”“滨河茶园”，白墙串木，黛瓦深檐，虽然是两座仿古建筑，也会让你立刻融入古镇氛围。相邻的古榕树下，坐落着陈氏家族祠堂，也是镇内仅存的“一祠”。祠堂是清代同治元年（1862）的建筑，普通的硬山顶门面，大门上方，木质黑漆匾额，上书“陈家祠”3个镏金大字，左右抱柱刻“花发盐城驿道，春归古镇宗祠”对联。祠门开得简单，里面却别有洞天，庭院深深，雅致幽静，整体呈四合院布局，硬山穿斗式建筑，简朴中透着庄重。进门后的过厅，连接一个小天井，再往里走，6级石阶之上，是数根圆柱支

▼古榕树下，坐落着陈氏家族祠堂，普通的硬山顶门面，大门上方，木质黑漆匾额，上书“陈家祠”3个镏金大字

撑的拜殿，穿过去又是大天井，四面高墙翘檐，最里面为正殿，也是祠堂的祭厅，地面铺满青石板，檐下三面回廊，散发着肃穆的气息。

听镇上人讲，陈氏祖先在明代洪武年间就来到仙市，世代以盐业为生。率领族人修建祠堂的陈长镛，时为岭南学士、富顺知县，他为官清廉，崇文兴教，深受百姓的爱戴。也许正因如此，如今，政府将陈家祠开设为“家风馆”。这个微型纪念馆，布置规范，内容丰富，充满了正能量，所以，有必要详述如下：

走进祠堂大门，巨大的“家”字石雕映入眼帘，厅中央悬挂“清白传家”牌匾，格外引人注目。展馆以“家和兴灯城、风正遍盐都”为主题，划为“炎炎华夏家史流长”“千年盐都家国情怀”“画美自贡家风传承”3个板块，既有时代忠孝楷模，也有传统家训和地域家规，共设置韶风厅（展示自贡市民贤大家的优秀家规、家训）、儒风厅（展示当地盐商抗战时期舍家献金的爱国情怀）、红风厅（展示各时期革命英烈的事迹，包括我们熟知的江竹筠）、廉风厅（展示现在自贡市清廉官员的家风典范）、乡风厅（展示自贡市多个家庭良好家风家教的主要做法）等展厅，大量的实物和图片，给人留下形象具体的记忆。

从陈家祠出来，前方有两条岔路，路边又没有标识，我们一时拿不准走哪条：右边的叫“正街”，通向古镇深处；左边仍是“新河路”，临河环绕着古镇。码头离不开河道，既然从下码头过来，那就接着去上码头吧，我们也想用脚步丈量两个码头间的距离，感受当年

▲一段弯曲的商街尽头，旧时的栅门竟然还在，8根木柱支撑，双层的小亭阁，我判断：这一定是古镇的“四栅”之一

▶ 我想用脚步丈量两个码头间的距离，感受当年盐工的艰辛足迹，随即向釜溪河上游走去

盐工的艰辛足迹，随即向釜溪河上游走去。

石板路坚硬结实，一段弯曲的商街尽头，旧时的栅门竟然还在，8根木柱支撑，双层的小亭阁，我判断：这一定是古镇的“四栅”之一。出了栅门，靠河一侧，石砌的围栏，与路面无缝衔接，可见当年工程的设计，何止是百年大计！沿河林木茂密，两棵榕树从路边石崖探出，头连头，手拉手，犹如一对恋人，相偎相依，永不分离——对啦，镇里人管它叫相思树。

走到中码头，即到了金桥寺门前。码头已无遗迹，倒是对面的金桥寺，山门巍然屹立，傲视寺前的釜溪河。金桥寺匾额由赵朴初先生题写，红墙青瓦，塑鳌飞角，为汉传佛教寺庙。我们要去前面的上码头，没有进入金桥寺。上码头是三码头中规模最大的，主要用于货运，也称货运码头，盐运时期，盐工运来的盐包在此卸下、过磅和验标，然后搬运至下码头。码头上立有石碑：“全国重点文物保护单位——茶马古道　仙市古镇盐码头”。遥想当时，这里一定是白天人声鼎沸，夜晚灯火通明，见证了自贡盐业历史那段鼎盛的年代。码头修建于明末清初，占地150平方米，如今只遗3.5米高的踏道，共26级石台阶，台阶棱

▼ 台阶棱角光滑，表面乌黑铮亮，显然是由无数运盐人的脚底磨砺而成

▲ 和上码头相连的，是“四街”中的新街子街，因为建在正街之后，故称“新街子”

角光滑，表面乌黑铿亮，显然是由无数运盐人的脚底磨砺而成，我对同伴感叹道，真是“汗滴石阶上，粒盐皆辛苦”。

和上码头相连的，是“四街”中的新街子街，因为建在正街之后，故称新街子。由于靠近码头，曾是船工和盐工们的聚集之地，当年满街都是餐馆、商铺、栈房、茶馆、赌场等场所，是镇内最热闹的一条街，那些凭力气挣钱的人，疲惫的身心在此稍息后，沉重又马上压在肩上。如今，这里繁华不再，街尽头仍立有栅门，默默守护着这条老街。

从新街子折回来，我们拐进“半边街”。来到南华宫，我们才看明白，所谓“半边街”，原来是街从南华宫穿过，以此为节点，整条街便一分为二。古镇的“五庙”，川主庙、湖广庙早已被毁，江西庙只剩少部残留，只有南华宫和天上宫保存完整。当年，各地盐商汇聚于此，为了生意兴旺顺畅，除了维系同乡联盟，他们还投巨资修建庙宇，祈求神灵们的护佑，从而成就了川南古道上建筑艺术和佛教文化的一时辉煌。历史上，南华宫和天上宫原为两个独立的寺庙，后来统称金桥寺。刚才我们如果走进金桥寺山门，穿过前殿就是这里。南华宫融庙宇和会馆建筑为一体，奉祀南华六祖慧能大师，同时它也是广东籍盐业同乡会馆，包括前殿、左右厢房和正殿。前殿和正殿中间是大天井，厢房底层的中间，是“半边街”穿过的拱门甬道。前殿和山门为一体，外面连接戏台，两侧各有配殿，三面都可以观看。戏台前塑有侧卧的佛像，台上雀替等处保有从前的木雕，依然可见当年的风采。戏台对面的大雄宝殿，建在9级台阶之上，殿前有香火缭绕。整座建筑群为砖木

结构，硬山及悬山式屋顶，以造型精美的封火墙相围。听镇里人说，这里每月都有庙会，还举办放生等佛事活动，是如今镇里人气最旺的地方。

天上宫紧邻南华宫，是清代道光二十九年（1849）的建筑，也是福建籍盐商的同乡会馆，供奉天后圣母，现为金桥寺的观音阁和地藏殿。殿前有介绍：内存一根千年黄荆木，直径近0.85米，长达13米，为镇殿之宝。我知道，黄荆树属灌木树种，有“千年锯不得板，万年架不得桥”之说，意思是永远长不大，天上宫藏有如此巨木，世间罕见。

古镇的“四街”新河街、新街子街、半边街和正街，至今仍然保持原样。前三街我们已经走过，出了半边街，就是最后的正街。半边街茶馆里，有老年人在打牌，悠闲自得的神情，让我好生羡慕，忍不住端起相

▼ 半边街茶馆里，有老年人在打牌，悠闲自得的神情，让我好生羡慕

▶ 等到旅游旺季，这条街上肯定游人如织，亦如大城市的商街

▶ “上栅”和“下栅”建得最早，也最为坚固，大门的上层，是打更人的歇息之处

机，走到近前拍了几张。

“四街”近似倒写的正字，正街是最下面的一横，为镇内最先修建的主街。街长约250米，两边的房屋均为清代所建，几乎都开设为商铺，单是店名的招牌，就让人眼花缭乱，也反映出古镇文化的多元性：古水井茶馆、冯大娃杂糖、陈氏饭庄、铁匠铺、刘二理发店、古

槐书舍……有的还挂着“中央电视台记住乡愁栏目（第五季）推荐老店”标识。我相信，等到旅游旺季，这条街上肯定游人如织，亦如大城市的商街。

正街上栅附近，路旁保留一口古井，名为“胯胯井”。说到这个井名，其实是和仙市镇名的演变联系在一起的。仙市原名仙滩，来源于一个美丽的传说：玉帝的女儿羡慕人间美景，下凡到釜溪河岸边，逍遥后侧卧酣睡，仙市即为她的化身，她双脚所摆放之处就是那片石滩，仙滩名由此而来。这口井的位置，是在仙女的胯间，人们便称之为“胯胯井”。据说此井有个“毛病”，每月总有几天井水泛白，过后自动恢复如初，人们便说是仙女的例假所致。听到这个传说，我和同伴都笑了：古镇人疼爱仙女，真把她当成自己的亲人了。

正街的两头，“上栅”和“下栅”保存完好。在镇内“四栅”中，这两个栅门建得最早，也最为坚固，大门的上层是打更人的歇息之处，以前厚重的木门，清早开，傍晚关，整条街的人家都高枕无忧了。

古镇的老建筑，以川南典型的穿斗式民居为主，石磩房基，老式门板，花格窗棂，古色古香的韵味回荡，你的每一口呼吸，仿佛能浸润到肺腑之中。这些明清以来的遗存，不但全都保存完好，而且看不到一处闲置，或是居住人家，或是开设商铺，烟火旺盛，生机勃勃。我还注意到，每户人家的门旁，都钉着蓝色的小标牌，上面是街名和号码。一个盐业不再的古镇，还能管理得如此细心，我想，最起码能够对得起曾经把汗水洒在这里的那些辛劳之人。

从正街的“下栅”出来，又回到陈家祠堂这里，我这才发现，古镇其实不大，我们只是绕了一圈儿，所以逛了半天，是因为太多的人文景观，值得长时间驻足欣赏。

仙市，川南最美的古镇，也是这一带传统民俗风情的活标本。恍惚，我觉得这里的乡民们，也是从遥远的过去一直生活过来的，斗转星移，古镇早已结束昨日的盐运职责，他们依然守候在这里，守候着自己的美丽家园。

我的笔拙，描述不出仙市古镇更多的美，好在自己拍摄了大量照片，可以补充文字的不足，以后翻看起来，会有种故地重游的享受。

长廊古镇

淫雨霏霏，开车到了镇前，犹豫着是否进去，停车场那位壮汉说："整条街都有廊檐，保证淋不着。"我们将信将疑，撑伞走进去，果然如他所说。

一座古镇，1000多米的长街，就是它的全部。而且，整条街几乎全被遮盖，挡风避雨，冬暖夏凉，形成内街式的人文环境，我估计这在全国众多古村落中，可能仅此一例。

这就是距重庆百公里的中山镇，老地名叫三合场，当时是清代光绪年间的建制，1993年乡镇调整改为中山镇。往前追溯，可考历史能到公元857年，无须再赘述。

长街临河而建，共分8节，依然都沿用老名称，从江家码头算起，左向是观音阁、万寿宫，右向是几段长廊：水巷子、一人巷、卷洞桥、月亮坝、盐店头。街口有座木亭，十几米高，名为"风雨亭"，里外粉饰一新，已辨认不出修建的年代。从亭子侧面下去，就是江家码头。由于靠近贵州习水、四川合

江等地，历史上，这个水陆码头货运繁忙，各地物资集中在此，再由水路或陆路运送。船只和马帮往来穿梭，商贸兴旺繁荣。如今，码头有名无实，仅遗有原址，河水依旧奔流不息。

▼ 长街临笋溪河而建，水流湍急，河面巨石狰狞，可以想象，当年这里的航运何等艰难

这条河叫笋溪河，名字虽然美丽，但水流湍急，河面巨石狰狞，可以想象，当年这里的航运何等艰难。相比之下，长街却异常宁静，也许是因为阴雨绵绵，街上游人稀少，店铺门可罗雀。不过，这等“而无车马喧”的氛

围，正是漫游古镇的最佳状态，我们当然求之不得。

如果不是雨天，还感觉不到古镇的妙处。进了水巷子，雨伞自然就用不上了。水巷子是长街最长的一段，木梁架构的封闭顶棚，高达8米左右，上有天窗透光，走在其间，风雨无忧。商铺大都在营业，货品摆满柜台，雨天生意少，店家们并不急，闲坐门前，比比画画，大摆他们的龙门阵。以前街上吃水不便，日常用水要用木桶挑回来，脚步颠簸，水滴常会溅出来，导致地面长年湿滑，人们就叫它水巷子。

出了水巷子，两侧屋檐探出，抬头一线天，街面也亮堂多了。一家敞开的铺面，悬挂“九龄堂”匾额，是镇内唯一的中药店铺，传承9代的方家老字号，原是在重庆市创办的“万森堂”，后来搬迁至此，因祖先名叫

▲ 水巷子是长街最长的一段，木梁架构的封闭顶棚，高达8米左右，上有天窗透光，走在其间，风雨无忧

▶ 一家敞开的铺面，悬挂“九龄堂”匾额，是镇内唯一的中药店铺，传承9代的方家老字号

方九龄，改名为“九龄堂”。店内挂满介绍中国传统良医的图板，想必生意不错，否则不会常驻于此。长街里店铺相连，镇里有统计，数量超过300家。沿街很少有空置的房屋，几乎家家都有生意。平层的人家，多是前店后宅；一楼一底的，则下店上宅。一些店门口挂着草鞋、斗笠、木桶等，都是当地手工制作的。有人还把手艺拿到店前，边制作边出售，悠闲之中就把生计攒下了。

临河一侧的民宅，全是吊脚楼结构，用木柱支撑于岩石上，一到三层不等，有的人家还搭建了晒台，或用于观景，或摆设小吃店。一户人家的宽敞晒台上，几个写生的学生，在交流彼此的画作，我们走到近前，他们的画作一看就有科班基础，而且功底扎实。由此，我想到我的家乡，诸多高校开设了美术专业，外出到公园、景点等，却很少看到有写生的，不知是教学方式缺失，还是我们的自然和人文环境欠佳。

长街中段，露天的小广场上，几棵古黄葛树，青苔覆盖，枝繁叶茂，上面吊了很多红布条。我上前扯住看了看，是时下的对联，通俗直白，朗朗上口。旁边有“楹联广场”木牌，展示出古镇文化生活的品位。广场上放置一个大石臼，号称“天下第一大碓窝”，2007年由5个石匠凿制15天而成，高15米，内径1.28米，重约3吨，可容800斤糯米，共有8个侧面，并刻有“诚信天下”4个字，可见古镇少不了糯米食品。一架吊索桥，

▼ 一户人家的宽敞晒台上，几个写生的学生，在交流彼此的画作

连接着对岸的观景亭，上了桥面，脚下急流令人目眩，整架桥好像都在摇晃。我走到中间，勉强拍了几张照片，试了一下，没敢再往对岸走。

长街的店铺大都是传统老字号，种类繁多，各有千秋，最惹人注目的，是众多的美食摊儿。烟熏豆腐、石板糍粑和咂酒，被称为“古镇三绝”。先来看两种吃食：烟熏豆腐，把豆腐切成小块，铺到竹帘上，架在炭火锅上熏烤，待两面金黄时，再从中间切开，洒上调好的酱料，外酥里嫩，又混合熏烤的焦香，口感和味道极佳。我对糍粑不陌生，以前品尝过，也略知制作过程：将糯米捣碎蒸熟，倒入石臼之中，用木棒反复捶打，即制成了糍粑，可以保存较长时间，吃的时候，蒸或煎即可。中山镇糍粑的吃法，是放在石板上，下面架有烟火，将糍粑烤熟后，洒上黄豆面和白糖，趁热吃起来，黏甜相间，更有味道。古镇家家都会做，所以，不论卖什么的小店，都有这两种食物，摆在店铺门前，吸引你停下脚步，禁不住老板几声叫

▼ 酒铺前，一位老者在给酒坛编制竹篓，聚精会神，一幅非买勿扰的神态

卖的吸引，就会坐下来品尝。

咂酒，据我所知，最早出自羌族。酒是自家酿制的，品尝时用吸管插入坛中即可饮用，不知酒质如何，但这种饮酒方式，还是挺有乐趣的，估计稍不留神，就会过量吸入。长街有好几家酒铺，店内的酒架上，摆满褐色的陶瓷酒坛，大大小小，表面贴着红纸，上面写着各种酒名。在一家酒铺前，我看到一位老者，在给酒坛编制竹篓，聚精会神，一副非买勿扰的神态，脚下堆放着几个编好的小小的酒坛，原本土里土气，经他的妙手“点化”，摇身一变，俨然成为精致美观的竹制艺术品。

▲ 店家那副笑脸，让你看到了“和气生财”的标准样板

长街最后一段，是盐店头街。历史上，因为盐价高，利润丰厚，这一带出现很多贩运私盐的团伙，当时称其为盐帮，盐店头街就是因盐帮帮主在此经营盐业而得名。这家原来卖盐的铺子，现在经营米花糖，现做现卖，标明是从“妈妈的婆婆传来的”手艺，店家那副笑脸，让你看到了“和气生财”的标准样板。两侧的木制建筑，均为二层结构，据说是保存较为完整的具有川东特色的传统民居。

我们原路返回。走到江家码头，沿长街再往前，是万寿宫遗址。原物为江西人所建，清末毁于一场战火，现仅存一块“吴蜀均沾”石刻，体现了当时平等经商、利益均沾的行商原则，镇里有人开玩笑，说这是世界上最早的“WTO”规则。这一带还有若干遗迹，如路旁的“醒酒石”，用于惩戒酒后发疯、打街骂巷之人，以警示人们饮酒适度，切莫贪杯忘形，至于如何惩戒，则没有记载；还有古灯杆，建在灯杆堡上，最多时有108盏，每当上元、中元、下元节时，古镇一片通明；清溪龙洞题刻，刻于南宋绍兴辛未年（1151），离地面2米高，用小楷体镌刻记载，内容为有一游客泛舟到此，酒酣依岩石长啸兴尽后遂有感书怀的故事，碑文现已大多

▶ 观音阁建在长街尽头，有新老两座建筑

风化脱落……所有这些，都保留在了古镇记忆中。

再往观音阁走，要经过“爱情长廊”，一段近百米的仿古建筑，外临笋溪河，可凭栏观水，里侧是美人座，情侣们在此卿卿我我，温馨怡人。那个流传甚广的“爱情天梯”故事，就发生在附近大山里，古镇人修建这个长廊，估计也有引导游人前去游览的意思吧。

观音阁建在长街尽头，有新老两座建筑。老观音阁规模非常小，背靠山体岩石，坐西朝东，建于清代光绪庚辰年（1880），里面有观音坐莲台造像，两侧分别是金吒和木吒，人物刻画逼真，石刻工艺精湛。旁边就是新观音阁，2015年建成开放，两层飞檐，殿门宏大，两侧有抱柱联“真观清静观广大智慧观，梵音海潮音胜彼世间音”，内设观世音和文殊、普贤3位菩萨金身塑像。新旧两座观音阁，跨越两个时代，寓意着古镇人对美好生活的无限向往。

我们重又走上码头，长街看不到了，只有下面的笋溪河，近日雨量偏大，有山洪暴发，河水略显浑浊，却更为激昂奔流。沿河竹林葱郁，遥想到了春季，嫩嫩的竹笋，萌芽破土，遍及林间，长成新竹后高踞林梢之上，显示新一轮旺盛的生命力。我查资料得知，笋溪河全长100多公里，发源于贵州习水，九曲回肠，最后汇入长江，是重庆市仅有的无工业污染的河流。也许古镇人对此不以为然，在他们眼里，大自然本该就是这个样子。

涞滩古寨

涞滩是古镇，为何又叫古寨？从停车场出来，一座石头城门楼兀然屹立，令我们立刻明白了其中缘由。城门并非独立，两侧还有城墙相连，也用褐色条石砌筑，壁垒森严，攻防兼备。城楼高约5米，拱形城门上方，有“众志成城”刻字，顶部建有亭阁，端挂“涞滩镇”匾额。进了城门，又让人惊讶：竟然是瓮城——整体呈半圆形，长约40米，半径约30米，内设8道城门，4明4暗，具有极强的隐蔽性。据史料记载：瓮城及环绕古镇的城墙，分别建于清代嘉庆四年（1799）和同治元年

▼ 拱形城门上方，有“众志成城”刻字，顶部建有亭阁，端挂“涞滩镇”匾额

（1862），至今依然坚固如初。

其实，涞滩的历史更为久远。因为濒临渠江，这里曾是古代合州通往川北的水路交通要道，“晚唐石刻，宋代设镇，清代民居”，便是涞滩千年来历史沿革的印迹。镇内分上场和下场，地势东高西低，上场在鹫峰山上，东临渠江，三面悬崖，下场依江而建，是古镇主要区域。

从瓮城进来，眼前的景象，我们自己也难以置信，是穿越到了古代社会，还是来到了哪部影视剧的片场？一条青石板的老

街，似乎从未整修过，仍是原始状态，经年累月，石板间横竖错位，凸凹不平；两边沿街商铺，多是前店后宅，木结构小青瓦，清代的民居，也没有任何修缮和装饰，面目沧桑，仍不失古朴韵味。古镇有记载，这些清代老屋，全镇尚存400余间，保存完好且在使用。难怪，走在这样的古街，如果没有现代人的身影，很容易让人产生时空错位之感。说真的，我走过近百条古代老街，从来没有“梦里不知身何处”的这种感觉。

这条石板路不长，走到头是“城中楼”，2层的木板楼，占据街的中心位置，两幅巨大的酒幌，上面“谭一刀”的字样表明这是一家老字号。还没到饭时，我往里看了一眼，只有店主坐在门里，悠闲地瞅着路人。老街在此一分为二，左边叫回龙街，右边叫顺城街，都是最初的老街名。回龙街通往二佛寺，

▼ 石板路不长，走到头是“城中楼”，二层的木板楼，占据街的中心位置

▶ 回龙街上店铺更多，门类多样，鳞次栉比

我们顺势走进去，正好去看那里的晚唐石刻。石板路继续延伸，更加粗糙不平，在外来游客眼里，虽然有碍观瞻，我猜想，涞滩人也许是恋旧，更愿意生活在承载着祖先气息的环境里，不想改变它的面貌。

回龙街上店铺更多，门类多样，鳞次栉比。我注意看，以饭店、食档居多，除了悬挂各式老牌匾，还高挑出杏黄旗幌："蒙打鱼分店""伍家餐厅""涞滩胡豆""戴家米酒铺""周豆花老食店"……我们边走边逛，每到一家铺面，尽管不想进去品尝，还是忍不住停下脚步，往里探头张望。有多家饭店，把菜品全都摆在摊柜上，让人看了垂涎欲滴。比如"涞滩特产第一家"的档口，十几个巨大的青花瓷盆，盛满各类食物，由于没有标签，我们端详半天，还是猜不出是啥；"戴家老店"的窗口，吊下一条条腊肉，色泽鲜亮，香味四溢，店里老板告诉我们："渠江水质好，人家又舍得用粮食喂猪，做出的腊肉别有风味。"走在这样的老街，即使不是吃货，也能让你饱食一顿"精神大餐"。再瞧这些店家们，或喝茶摆龙门阵，或自顾玩手机，不见他们招徕客人，也听不到一声吆喝，本该热闹的街巷，宁静温馨，弥漫着游子欲归的淡淡乡愁。

文昌宫也在这条街上，不巧正在维修，不能进去参

观。我看了门前的介绍，是清代咸丰年间的建筑，现存正殿、戏楼和东西两廊。其中的戏楼较为珍贵，是涞滩古建筑的精华，一楼一底的歇山式结构，平台外沿有“吕布戏貂蝉”等三国故事木雕，为古代雕刻艺术的精品杰作。如此精美的古代建筑，不能亲眼所见，只能怨相互缘分没到。

文昌宫旁有座小寨门，是古镇东面的城门。这里地势渐高，下了几级石阶，幽深的门洞，固若金汤。我们穿过去，眼前视野开阔了，继续往下，又是几十级石阶，可以到达渠江边。城门外墙上，一棵古榕树，盘根错节，酷似人形，紧紧抱住石壁，乃是罕见的自然奇观。回望寨墙之上，就是鹫峰山的上场，民居沿崖壁砌筑，坐视渠江碧水，气势果然不凡。

一路上坡，来到二佛寺。迎面先是明代的石牌坊，建于万历十五年（1587），4柱3间，仿木穿斗构架，高约8米，宽达6米，背面刻“大佛禅林”，上方有浮雕双凤朝阳，下方是二龙戏珠，正面刻“鹫岭云深”，靠边两间有清代嘉庆二十一年（1816）的碑刻。明代的石坊，几百年风雨剥蚀，仍然庄严古朴，不减当年的雄厚气势，令人叹为观止。

二佛寺不容小觑，虽然是清代的建筑，但始建年代为唐末，到了宋代，香火达到鼎盛。出口有售票处，管理人员解释说，游客过来不容易，景区限时活动可以免费参观。我们表示感谢，出示身份证后，走进这座千年历史的寺院。

▶ 石牌坊，建于万历十五年（1587），4柱3间，仿木穿斗构架，高约8米，宽达6米，正面刻“鹫岭云深”

二佛寺占地近万亩，分上下两殿。上殿为“二佛禅院”，始建于清代康熙三十五年（1696），道光年间重修，由山门、大雄宝殿、观音阁等组成，形成封闭的四合院。我们主要想看晚唐遗物，于是径直来到下殿。下殿仅有二佛殿，紧依山岩建造，两块巨石分列，自然形成的山门，仿佛把殿堂也融为了一体。主建筑为二楼一底，重檐歇山式，3层飞檐，气势雄浑。殿内是摩崖造像龛窟，释迦牟尼佛像居中，依岩镌凿，通高近13米，头盘螺髻，面部丰满，身着褒衣博带式袈裟，衣褶流畅，雕镂精细，左手抚膝，右手作法指状。这尊释迦牟尼佛，俗称“蜀中第二佛”，据寺内明代正德十三年（1518）碑记：“全蜀大佛有三，而宕梁涞滩镇曰鹫峰，盖其二佛也。”二佛寺因此而得名。再看3面石壁，共有218龛，造像1670余尊，雕刻技术精湛，个个活灵活现，被有关专家赞为“唐代石刻艺术的精华”。我不谙佛学，向来谨怀敬重之心，眼前众多菩萨和罗汉聚集一堂，形成规模庞大、气度恢宏的佛教禅宗道场，令我心灵震撼。同时，古代人对宗教文化的艺术创造力，也让我产生敬佩之感。

▼ 二佛殿紧依山岩建造，两块巨石分列，自然形成的山门，仿佛把殿堂也融为了一体

紧靠二佛殿西侧，有一条天然石峡，我们好奇地走下去。下面是天然岩洞，可以通到殿前。洞内匍匐一条石龙，一股清泉从龙口喷出，据说冬暖夏凉，口感甘甜，古人用“一勺之多”予以形容。此时，一缕阳光射

入，水雾与阳光交叠，霞光四射，我神情恍惚，宛如置身于佛的圣界了。

二佛寺左前方的鹫峰山巅，耸立两座石塔，据管理人员介绍，是寺内曾经的住持僧师徒的舍利塔，一前一后，相互对应——山下渠江偶有过往船只，远望塔影，影随舟移，双塔保佑舟楫一帆风顺。舍利双塔处有一断崖，崖上曾建有小亭，名曰“观鹭亭”，登顶远眺渠江对岸，一群白鹭或栖于树林之上，或翔于层峦叠嶂之间——当然，这都是在更久远的岁月才能看到的景象了。

涞滩镇是全国首批十大历史文化名镇，依据有4条：文物古迹丰富；历史价值极高；巴渝文化特色浓厚；历史风貌保存完整。2006年，“涞滩二佛寺摩崖造像”被列为国家级重点文物保护单位。

从瓮城走出古镇，我转身回望，巍巍城楼似乎又增高了许多。

濑溪河上的石桥

我喜欢这座石桥。

傍晚和清晨，我两次来到桥边，或凝神伫立，或移步上桥。夜去昼来，大自然的景致变化，映衬出石桥生生不息的活力。傍晚的石

桥，宁静温馨。濑溪河水平如镜，晚霞出现时，该是一天最美的时段，石桥侧卧水面，多像是闲适的巨人，迷惑在天边和水中两道霞光中。清晨的石桥，喧闹活泼。河面薄雾还未散尽，刚刚醒来的石桥，开始承载着人来人往，于是，忙碌的一天悄然开始了。

石桥是古桥，名叫大荣桥，明代正德初年建造。桥长116米，宽1.75米，桥体结构精致，桥面的青石板，每块重约10吨，桥体用条石砌筑，坚固如初。我特意走开一段距离，从远处正面拍摄，照相机镜头里，水中倒影清晰，石桥折成了双桥，如同小巧的玩具，装进行囊就能带回家去。

站在石桥上，对面是大荣寨。清代嘉庆五年（1800），为防御川东民变等，当地乡绅筹资捐粮，建成这座古堡式城寨。大荣桥建于明代，大荣寨是否因此

▼大荣桥，明代正德初年建造。桥体结构精致，桥面用青石板，桥体用条石砌筑，坚固如初

得名，不知详情。大荣寨并非独立为城，它是万灵镇的中心区域。万灵原名路孔，而路孔之名，又源自民间传说：相传一位高僧，云游到此，见濑溪河两岸山清水秀，决定在此建庙修行。他在岸边选址时，发现6个石孔，估计与河水相通，便倒入糠壳一试，果然从河里冒出来。“六孔”，谐音“路孔”，由此逐渐演变，成了路孔镇。2013年，文旅部门查阅历史资料得知，“路孔”仅有200余年历史，而早在450多年前，该镇名为“万灵”，其间有座万灵寺，可追溯到东晋咸和元年（326），曾与大足石刻、乐山大佛齐名。为还原古镇悠久的历史，在全镇居民的倡议下，经重庆市人民政府批准，“路孔”正式更名为“万灵”。

了解了古镇前世今生，接下来就是实地游览了。

我们傍晚到达，住进“悦夕客栈”，竟然是三星级，说明万灵镇旅游水准不低。客栈在大荣桥附近，放下行李，我拿起相机走出去，来到大荣桥边；头晚意犹

▼ 日月门上的那座亭阁，单檐庑殿顶，飞檐翘角，柱枋粗硕，整体漆黑色，檐下“日月亭”巨匾，黑底金字，颇有牛气冲天之势

▶ 濑溪河近在咫尺，水面宽阔，暗流涌动，停泊的游船旁边，有人在洗涤衣物，撩起一层层涟漪

未尽，第二天刚起床，我又跑去看石桥——就是本文开头的情形。

吃完早饭，我们从太平门走进大荣寨。

巨石城墙，高达3.5米，据说是用糯米、糠壳、蛋清等黏合筑成，200多年，仍然坚固厚实。大荣寨有4个寨门，太平门是东门，逆时针方向，依次是日月门、狮子门、恒升门。太平门和恒升门早年被毁，2012年重新修复。还没走到恒升门，不知那儿的规模如何。太平门实在太简陋了，如同普通的出入通道，相比之下，日月门才是真正的古代建筑。

日月门是北门，正对着大荣桥，也叫水巷子门，出门便是濑溪河。城楼式结构，上面有亭阁，门洞悠长，里面凿有一口暗井，与外面河水相通，如有紧急情况，寨门关闭，可从井中取水使用。从太平门过来，走过一段老街，快到日月门时，是细长的烟雨巷，两侧房屋高耸，巷内狭窄，好像是挤出来的一线天。巷子连接日月门，每当雨雾天气，门外细雨霏霏，巷内烟雾蒙蒙，“烟雨巷”由此而来。走出日月门，濑溪河水面宽阔，景象大开。大荣桥对岸，翠竹绿树，光影婆娑，阡陌缓丘间，散落着农家房舍，隐约可见乡民忙碌的身影。回头再看日月门，巨石拱门，门楼上的那座亭阁，单檐庑殿顶，飞檐翘角，柱枋粗硕，整体漆黑色，檐下“日月亭”巨匾，黑底金字，颇有牛气冲天之势。

濑溪河近在咫尺。水面宽阔，暗流涌动，停泊的游船旁边，有人在洗涤衣物，撩起一层层涟漪。这条河发源于大足，在泸州汇入沱江，全长230多公里，远在唐宋时期，就是大足至荣昌、荣昌至泸州的主要运输通道。流经万灵这里时，形成横断的一条瀑布（或是天然形

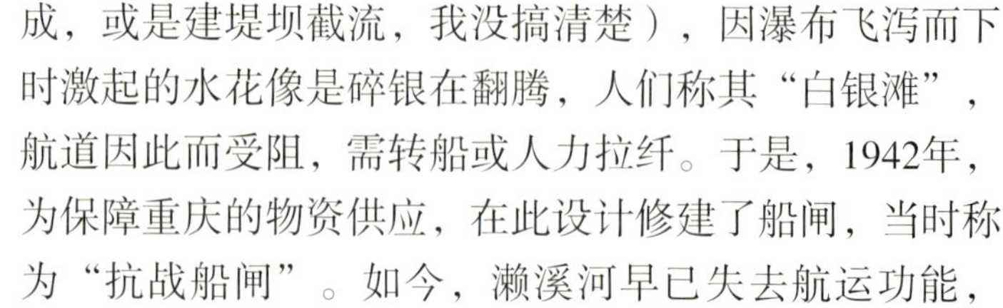

▼ 船闸旁原来还有水碾，一架巨大的水轮，利用船闸的水位差，冲动石磨用来碾米

成，或是建堤坝截流，我没搞清楚），因瀑布飞泻而下时激起的水花像是碎银在翻腾，人们称其“白银滩”，航道因此而受阻，需转船或人力拉纤。于是，1942年，为保障重庆的物资供应，在此设计修建了船闸，当时称为“抗战船闸”。如今，濑溪河早已失去航运功能，这座水泥船闸还在，静卧大荣桥边。船闸旁原来还有水碾，一架巨大的水轮，利用船闸的水位差，冲动石磨用来碾米。经过近年修复，水碾现已成为供人观赏的水车。

沿河有石栏围护，寨墙继续延伸。寨墙脚下，高耸繁茂的古榕树，树龄都在百年以上，盘根错节，甚至伸进岩缝之中。建在墙上的吊脚楼，半遮半露，临风对月，别有一种建筑格调。后修的水泥步道，顺着往前走，是万灵的沱湾码头。这里航运繁忙，北宋真宗咸平元年（998），便建成了水码头。南宋时期，万灵出产的蜂蜜等，为宫廷的贡品，在此装船，顺河而下，便可抵达都城临安（杭州）。千余年来，码头几度损坏，几度修缮，仍保持原来的面貌。现在，这里辟为游船码头，岸畔空系十几条游船，放眼河面，仅有一条乌篷船，垂钓的渔夫，悠闲自在。古镇对岸，不知是否万灵镇所属，有东汉的岩墓群、宋代的千佛石窟、元代的万灵寺等，都是很有旅游价值的文物遗存。

从码头登石阶上来，是狮子门，大荣寨的西门。听当地人讲，原来有两道门，大门和二门，厚实的木板，粗壮的门杠，非常坚固，轻易难以攻破——我信，因为门框侧壁上，还留有插门杠的大圆洞——现在，只剩空洞的石门框，斑驳的雕刻花纹，散落的藤蔓枝叶，透过门看去，里面映衬旧日时光，好一幅精美的摄影画面。

进了狮子门，重又回到寨子里。大荣寨建在山坡上，称山寨更为恰当，一条明清老街贯穿，从太平门至恒升门，全长500多米，石板路面，宽处5米，窄处2

▶ 从码头登石阶上来，是狮子门，大荣寨的西门

来，其间的102级石阶，断断续续，蜿蜒而下，直到沱湾码头。其中有一段“十八梯”，几百年来，老街多次修整，仍然保留其原貌，成为古寨沧海桑田的见证。石阶中间部分，已经磨成斜面，古寨人心细，在梯口挂置标牌“小心台阶”“当心滑倒”等。这里也是寨内的祈福之地，我看到竖起的木条上，写有“祈愿祝福”“高升加薪”“学业有成”“万事如意”等字样，在此上下的人可能都会默念，以求心想事成。明代以来，随着沱湾码头货物贸易的兴旺，到了清代嘉庆年间，这条老街逐渐形成，沿街至今还有多处明清时期的建筑，其中的

湖广会馆、赵氏宗祠、尔雅书院等，不但建筑精美、内容完整，而且与万灵镇的历史息息相关。

明末清初，号称“天府之国”的四川，经历战乱长达30多年，加之瘟疫、灾荒等，致使人口锐减，大片土地荒芜。为保证朝廷的税粮征收，清王朝决定推行“移民四川”的国策，从顺治十六年（1659）开始，历经百余年，实施了中国历史上最大一次移民运动，计有湖南、湖北、广东、福建、江西、陕西等14省的600多万人入川，因为当时湖广行省（辖今湖北、湖南两省）移民最多，故民间俗称“湖广填四川”。据传，关于“解手”的典故，就发生在这一过程中：清政府推行移民政策初期，人们大多不愿背井离乡，于是采取强制措施，将移民反捆双手押解前行，中途如需大小便，要向官兵请求解开绳子，时间长了，就把上厕所叫“解手”。现在说来有些引人发笑，但静静回味却不免让人心里酸楚。当时的万灵镇，是移民的主要聚集地，因此留下这些会馆、祠堂等标有移民符号的诸多建筑。

▲ 大荣寨建在山坡上，称山寨更为恰当，一条明清老街贯穿

先来看湖广会馆。位置在十八梯附近，出了狮子门就能看到，清代嘉庆九年（1804）由湖广移民集资修建，后来遭到损坏，2010年按照原貌全面修复。我对古建筑修复，历来挑剔，很少恭维，面对这座“仿品”，一眼看过去，让我大为赞叹——“修旧如旧”，足可乱真：正面木格门窗，不论是选料，还是雕刻工艺，都属上品，表里俱佳；门楣处的匾额，黑底金字，不知是否原物，条石门框镌刻的对联“濑水朝霞梅岭月，巴山夜雨洞庭波”，瞬间呈现出那段轰轰烈烈的历史。推开大门，里面院落宽敞，建有神殿、议事厅、厢房、戏楼等，殿内塑有禹王神像，所以这里又被称为“禹王宫”。

赵氏宗祠是原物。清代乾隆三十八年（1773），赵氏家族祖先从湖南举家迁来，入川一个甲子（60年）时，动工修建了这座家族祠堂，光绪三十四年（1908）

▶ 湖广会馆在十八梯附近，出了狮子门就能看到

又予重修，一直保持至今。外观看，青砖灰瓦，硬山屋顶，抬梁和穿斗混合结构，梁柱门楣等处，雕龙刻凤，依旧栩栩如生，穹顶山墙两角翘起，造型优雅生动。两侧有抱柱联：“帝王华胄半部论语光麟趾，琴鹤世家千秋宗功展凤毛”。祠堂大门紧锁，不知里面规模究竟怎样，更不知该家族渊源如何。

尔雅书院也是复建的。一套四合院老房子，原为木结构，后来换成小青砖。这座书院不可小觑，主人是曾任明代刑部尚书的喻茂坚。史料记载，嘉靖二十七年（1548），内阁首辅夏言受奸臣严嵩倾陷，明世宗欲将他处死，喻茂坚大胆进谏，劝说世宗不要做两百年来第一个杀宰相的皇帝。世宗不听，夏言被杀后，喻茂坚也受到罚俸惩戒。他见朝廷已无正义可言，毅然辞官回归故里，定居在濑溪河畔，并修建了这座尔雅书院，以耕读教习子弟为生活。现在的书院内部，成为纪念喻茂坚的展览馆，还定期聘请重庆市的名家，来此开设国学、养生、易经等课程。书院大门两侧，挂着一副对联，上联“衍祖宗一脉真传克忠克孝”，下联“教子孙两行正路惟读惟耕”，是喻茂坚留给后代子孙的“垂训联”。据《喻氏族谱》记载，嘉靖四十五年（1566年），喻茂坚端坐而逝，享年93岁，次年，被追封太子少保，葬于附近的尚书村。

一路顺坡上行，走到老街尽头，是寨子的南门，几十级石阶之上，是这条街的最高处。取名恒升门，与“日月门”遥相呼应，有“日升月恒”之意。老街还有老话：凡经过此门者，仕宦官运亨通，商人财运旺盛。复建的门楼估计是参照了原物，否则不会比太平门高大。门旁一块石碑，上面刻着“中国历史文化名镇”和图案，我猜想，应为2013年以前所立，因为碑上有“路孔”字样，说明当时还没改为“万灵”。

▶ 万灵人爱喝茶，老街上茶馆也多，每每经过，里面人声喧嚣

从恒升门往回走，老街的风貌百看不厌。青石板路面，除了角落里的青苔，再无别物，干干净净，袒露着岁月沉淀出的光泽。沿街的老屋，木制结构，基本都是清代所建：大青砖、小灰瓦、硬山墙、长板门、格子窗、挑檐板……年代久了，呈现出来的色调，只能用古色古香来形容。老屋保存得好，两层的小楼，造型精致，硬山平层的，面阔脊高，各有千秋。除了那几座“公共设施”，面街门房差不多都开设了店铺。路过“异域文化”，两层的木楼小店，售卖国外的服装配饰，显得格外另类。一位20岁出头的姑娘在打理，她主动打招呼，邀我们进去参观。外观看是小楼，进屋才发现是单层，举架高，窗户开在上部。姑娘说是姥爷留下的房产，她和父母早已迁居成都，老宅一直空着，她刚刚过来接手，开办了这个特色小店，货品是她从国外进的。

我刚想问她，为啥不开饭店，谁能跑这儿来买外国货？随即明白了：这是年轻一代的个人选择，但愿古镇能够接纳他们的跳跃思维。

古村落的旅游项目，饭店特别火热，游客累了饿了，品尝当地美食是最舒适的休息。这条老街也不例外，红灯高挂，招牌炫目，香味袭人。眼花缭乱的美食，虽不能一一品尝，但“秀色可餐”，每到一家门店前，我们都停下脚步，一饱眼福之后，又顺便记下几例：母猪壳，就是桂鱼，濑溪河里的野生鱼，因其嘴翘肚大，类似母猪，故称母猪壳鱼，清蒸味道最佳；古镇麻圆，糯米粉加白糖制成，用油炸熟，表面裹芝麻；黄凉粉，切得如土豆丝，软而不断，色泽红亮；铺盖面，一种汤面，面皮宽大，因像铺盖而得名；荣昌卤鹅，色

泽金黄发亮，微辣适口；川子鱼，濑溪河野生小鱼，食指般大小，调料入味，过油酥炸，起锅后撒上辣椒面和葱花，既可当小吃，又是开胃菜；灰水粽子，糯米用柴灰滤出的碱水浸泡，米色淡黄；荣昌羊汤，被授予“重庆著名小吃”的称号，风味可想而知……

万灵人爱喝茶，老街上茶馆也多，共计有28家，而且都是传统老式的。如果说饭店是开给游客的，茶馆则是古镇人自己享用。每每经过，里面人声喧嚣，好像都在亮着嗓门吵架，细看桌面，竟然是老式搪瓷茶缸。据说到了晚上，不少茶馆还有川戏、曲艺、评书等节目演出。喝茶、休闲、娱乐、交流……不正是和平年代里，普通百姓该有的岁月时光吗。

离开之前，我又来看大荣桥，只为和它告别。我想，以后的日子里，万灵古镇的一切，可能都会慢慢忘掉，唯有濑溪河上的这座古石桥将在我的记忆中永存。

▼离开之前，我又来看大荣桥，只为和它告别

闹市街子

▲ 一座仿古青石牌坊，石柱雕龙，精致厚重，上面刻字“街子古镇”

来到这里，你会以为是繁华闹市，其实，它只是一个古镇。刚到镇前广场，我们也有些惊呆了。

味江河，岷江的支流，来到这里，水面变宽了，形成一个“龙潭”，河上的廊桥，索性起名叫“瑞龙桥”。“闹市”就在旁边，近年新修的广场，开阔平坦，人潮涌动，有人摆上“鸡公车”——独轮小木车，惹得孩子们争先玩耍。鸡公车形状像公鸡，硕大的轮子，如昂扬的鸡冠，两边是木架，用于堆放货物，适合在田埂或小路行走，据说诸葛亮时代就有了。四周复古建筑的商铺，又有巨大的彩色屏幕，烘托出热闹的商业气氛。一座仿古青石牌坊，石柱雕龙，精致厚重，上面刻字“街子古镇”。广场上唯一的古建筑，是竖立角落的“字库塔”，建于清代咸丰二年（1852），砖石中空结构，为佛塔式造型，通高20米，外壁刻满浮雕，图案是“白蛇传”和山水花卉等。中国古人有“敬惜字纸”信仰，字纸不能随便丢弃，要集中起来焚化，字库塔便是专用设施，川西地区仅存此一座，弥足珍贵，更是乡民们崇文尚雅的精神追求——这就是古镇给我的第一印象。

古镇名叫“街子”，听了它的前世今生，却让人百感交集。五代十国时期，这里属后蜀之地，因横于味江河畔，得名“横渠镇”，后来设置永康县，又是县治所在地。历经几百年的战乱，到了明代万历四十二年（1614），昔日繁华的古镇仅剩一条街，所以叫“街子场”。新中国成立后，这里改设街子乡，1991年撤乡建镇至今。“5·12”汶川大地震时，古镇受到严重破坏，经过两年多的灾后恢复，进行高标准设计，又精心施工，建成“4A级国家旅游景区”——这几个字刻在广场边的一块巨石上，游人刚进来就能看到。

从石牌坊进去，也是游览古镇的入口。迎面的江城街，就是那条遗存的历史老街，低瓦檐、木门板、青石路，典型的川西传统风格。街道两旁的房屋，

▼ 广场上唯一的古建筑，是竖立角落的“字库塔”，砖石中空结构，为佛塔式造型，通高20米，外壁刻满浮雕

▶ 老街左手，诸多小巷通向味江河边，我们随意走进一条。巷内挤满精巧的小店，装饰幽雅

▶ 越往街里走，人流越密集，商业气息也越浓烈

多为清代中晚期所建，穿斗式构架，单檐青瓦，用材简单，如果仔细观察，还有欧式风格的装饰，是晚清建筑中难得的奇葩。这些沿街老房，前店后宅，原本就是商街的建筑类型，如今更是店铺相连：艳丽服饰、当地特产、传统美食……让人眼花缭乱，味觉大开。如此繁荣的场景，让人有种久违了的亲切之感。

老街左手，诸多小巷通向味江河边，我们随意走进一条。巷内挤满精巧的小店，装饰幽雅，门面被绿植覆盖，坐满俊男靓女。“苏油糕”“甜水面”等传统小吃，是当下年轻人的最爱。“爱你民宿”建在河边，门前的藤椅、茶几、遮阳伞，围成一个雅致的观景平台。偎栏相望，河水碧绿，清波荡漾，倒映对岸葱郁的凤栖山，河面游船上的欢歌笑语，仿佛让我们回到了童年时光。

我听街上的游人说话，多数是四川口音。是呀，这里距成都市区57公里，崇州市区23公里，青城山8公里，如此的距离，有热闹的古镇可游玩，真是他们的莫大福气。

◀ 一家饭店里面柜台上方，悬吊旧式酒幌：“吴刚桂花酒”“味江女儿红”等

▼ 街上有卖莲蓬的，女的蹲坐在路旁，男的坐不住，把背篓挂在胸前，边走边卖

越往街里走，人流越密集，商业气息也越浓烈，家家店铺都高挑国旗，鲜红亮丽，增添了诸多喜庆色彩。走到与真武街的交会处，是江城街的中心地带，饭店也集中在这里，八仙过海，各显其能。一家饭店里面柜台上方，悬吊旧式酒幌：“吴刚桂花酒”“味江女儿红”等。门前一口水井，用铁篦子封盖，标明“明代古井”，旁边的那家店名，干脆就叫“古井老灶”；还有“唐公阿婆凉粉”“阿

甘肥肠”“萧记土麻饼”……吃客盈门，大快朵颐。街上有卖莲蓬的，女的蹲坐在路旁，男的坐不住，把背篓挂在胸前，边走边卖。莲蓬像翠绿的小碗，表面有蜂窝状孔洞，孔内坚果即是莲子，属高级滋补食品，不知当地人买回家如何食用。

一阵锣鼓点传来，我们循声走过去。一座仿古戏台，簇拥着众多观众，前几排是茶座，也都座无虚席，看穿衣打扮，多数是镇内的父老乡亲。戏台檐下悬挂“中国崇州市街子爱华川剧团”横幅，台口黑板上，写着下午2点的剧目：《打饼调叔》《阳河堂》。科级的乡镇，竟然养了一个川剧团，足见四川人对家乡戏的热爱程度。说实话，我对川剧的认识，只知“变脸”，基本没听过演唱。演员登场演出，我们听了一会儿，还是欣赏不了那悠扬独特的唱腔。

味江河水源丰沛，镇内的“横渠”，将河水引进来，形成网状的水系。石板路两侧，屋前院后，常年水流不断。横渠石桥的桥面上，成了农贸小市场，农民就地摆摊，自家产的果蔬、活鸡、鸡蛋、菌类、干菜等，估计价钱不贵，游客纷纷购买，而且可用手机微信扫码

▼ 一阵锣鼓点传来，我们循声走过去。一座仿古戏台，簇拥着众多观众

支付。

《华阳国志》是我国最早的一部地方志巨著，详细记述了汉晋时期西南地区的历史、地理、人物等，作者是东晋史学家常璩，街子镇是他的故里。古镇人饮水思源，在江城街建了“华阳国志馆”，仿古式的门楼，石雕工艺也属上乘，两侧楹联为“如鉴如衡千秋笔，求真求是百代师”。我们不知这一典故，当时犹豫片刻，还是没有进去参观，回家后查阅资料，才知是错过一次难得的读史机会。

▲横渠石桥的桥面上，成了农贸小市场，农民就地摆摊

同样的遗憾还有，晚唐诗人唐求、宋代农民起义领袖王小波，二人也是街子人，如今这里还有他们的故居遗址，我们当时不知，所以也没能去寻访。《唐诗三百首》中，没有收入唐求诗作，我对他没有印象。史料记载，唐求隐居家乡山水间，以诗自娱，每有所得，写下捻成纸团，投进葫芦瓢中。晚年卧病，他把诗瓢放入味江河中，感慨道：兹瓢倘不沉没，得者始知吾苦心耳。有人将其打捞上来，诗稿大多损坏，仅得数十篇，《全唐诗》收为一卷，计35首半，时人称其“一瓢诗人”。整理此篇游记时，我从中摘其一首《和舒上人山居即事》，以表对他的敬意：“暝鸟烟中见，寒钟竹里听。不多山下去，人世尽膻腥。”

还有，附近的凤栖山上，藏有一座“光严禅院”，是建于晋代的古寺，群山环绕，林木葱郁，暮鼓晨钟已回荡1400多年。据传，明太祖的叔父和孙子建文帝均在此出家避难，明代朝廷赠送古寺的《洪武南藏》经书，是明代刻造的3个官版中保留至今的唯一印本，堪称中华佛门之经典，古寺因此被誉为“西川第一寺”。

久居古镇的人是幸福的。当下，一些城市的著名商街，人流稀少，日渐萧条，而这里的街子，游者如潮，人们消费其中，欢乐其中，尽享中华优秀历史文化传承

◀ 这里的街子，游者如潮，人们消费其中，欢乐其中，尽享中华优秀历史文化传承的福祉

的福祉。由此看来，古人留下的珍贵遗产，保护好是必须的，而要开发利用好，绝不是拍脑门的简单事。况且，很多地方的古村镇，连最起码的保护都远没有做到，想来让人心痛。

转了一大圈儿，我在心里数着，现在的街子古镇，已经有6条街啦！

蜀中客家镇

400多年前，随着“湖广填四川”的移民潮，一群客家人从沿海地区迁徙到洛带镇，逐渐发展为“中国西部客家第一镇”。走在镇内大街上，满耳四川腔调中，偶尔还有客家方言的口音，我和同伴戏谑地说：“听着像广东话的味道。”

我们知道，客家人祖先原居中原地区，因为社会变动及多年战乱等原因，历史上有过5次大规模南迁，在南方逐渐形成客家民系，至清末民初，主要分布在广东、江西、福建、四川、湖南、湖北、贵州、香港、澳门、台湾等地。四川聚居的客家人，多数是清初从广东、福建、江西迁来的老移民的后裔，扎根在川西成都东山区域，因而也称“东山客家”，至今仍有大半人能讲客家话，并且保持客家的风俗习惯。比如这个洛带古镇，90%的居民是客家人，除了日常生活习俗，保存完好的大批清初古建筑，便是他们移民历史的实物见证。

▲ 400多年前，随着“湖广填四川”的移民潮，一群客家人从沿海地区迁徙到洛带镇

我们走进洛带镇时，已经是下午了，街上仍然很热闹，游人熙熙攘攘。满眼虽是清代或民国遗迹，但你翻开古镇历史，便知其最早可追溯到三国时期。相传当时就已成街，蜀汉建立后，名为“万景街”，后来改称洛带，也来自当时的传说：后主刘禅在此游玩，为捉井中

鲤鱼而将身上玉带掉了进去，因而得名“落带”，后因落字有“落草为寇”之嫌，遂改为“洛带”。

洛带镇布局简单，仅有一条老街，从头走到尾，全长1000多米，略有一点弧度。大量的客家建筑，基本为清代或民国风格，木质结构，小青瓦覆顶，屋脊上的装饰，是客家人喜欢的“中花”和“鳌尖”等图形。民居多是单进四合院，门内设天井，正中为堂屋，冬暖夏凉，通风采光俱佳。

“巫氏大夫第”，是洛带古镇客家民居中的经典。

镇内以老街为主干，呈“一街七巷”格局，老街有上下两段，7条小巷密如网状，穿插在房舍庭院间，如果没人带路，蒙头转向的我们，很难找到这座巫氏大夫第。我们住宿的客栈，老板兼做文化旅游项目，颇为神秘地说：“镇里有个大宅院，你们肯定感兴趣……”然后，便主动带我们前去。巫氏大夫第坐落在“大夫第巷”15号，清代乾隆末年由巫作江所建，他是广东客家入川后的第二代，曾被朝廷诰赠“奉直大夫”，后来此宅便称为“大夫第”。宅第为复四合院式，以大门为中轴线，两侧建筑对列，依次是过厅、天井、前中后三堂、东西花厅、厢房，最后是附属的小四合院，总体四横三纵，小天井连大天井，大院连小院，是客家移川民居的主要式样。巫氏人家远离故土，在此安居200多年，可以想象，那些无数个日日夜夜里，几代同堂，天伦之乐，该是何等热闹的场面。如今仍有巫家后人居住于此，我们不便打扰，匆匆穿堂而过。

洛带客家的移民史，主要体现在老街上的四大会馆——广东、江西、湖广和川北会馆，是典型的清代风格建筑，均为国家重点文物保护单位。

◀ 洛带镇布局简单，仅有一条老街，从头走到尾，全长1000多米

先来看广东会馆。

临近傍晚，我们沿街闲逛。店铺的灯火亮了，人影幢幢，门庭若市，是一天之中生意最旺的时段。一面高耸的封火墙，造型独特，由远而近，在视线中逐渐清晰起来，这就是广东会馆的侧面山墙：半圆形如镬耳（镬是古时的一种大锅），岭南的传统民居风格。2018年春天，我去广东寻访古村落，在沙湾古镇等地，看到很多这样的山墙，称为“镬耳屋”，广东会馆如此造型，不但是洛带标志性建筑，在四川省内也绝无仅有，既有祖先根基一脉相承之意，也以此寄托对故土的思念之情。广东会馆位于老街的上街，建筑面积3000多平方米，因供奉佛教禅宗六祖慧能，又名“南华宫”，清代乾隆十一年（1746），由广东籍客家人捐资修建，后因失火，大部分殿堂烧毁，光绪九年（1883）予以重修，新中国成立后，先改作粮仓，后被洛带公社使用，得以完好保存至今。会馆由山门、前中后三庭和左右厢房构成，馆内有石刻楹联数幅，联文取意及书法镌刻均为佳品，中堂悬挂一副对联“叭叶子烟品西蜀土味，摆客家话温中原古音”，反映出扎根四川融入巴蜀文化，又不

▼ 一面高耸的封火墙，造型独特，由远而近，在视线中逐渐清晰起来，这就是广东会馆的侧面山墙

忘客家祖训，牢记乡音的赤子情怀。

江西会馆在老街中段，完全面街敞开，有前中后三殿，雕饰精美的木构件，两侧是厢楼，宽大的院落，靠里面是大戏台，重檐歇山顶，端庄大气，中间的空地，布置成休闲区域，用于餐饮或茶座。会馆由江西赣南移民捐资修建，完工于乾隆十一年（1746）。会馆又称万寿宫，老街的对面，石牌坊上面的竖匾，就是这3个大字。

湖广会馆，距江西会馆不远，馆内供奉大禹，又名禹王宫，由湖广移民于清代乾隆八年（1743）捐资修建，坐北朝南，依中轴线对称布局，牌坊、戏台、耳楼、中后殿、左右厢房，一样不少。现存11通碑刻，时间跨乾隆二十四年（1759）至光绪八年（1882），内容涉及会馆的兴建、整修、庙会等。殿廊有观音故事的彩绘壁画，艺术价值较高。天井内无下水道，即使街上大水漫涨，会馆也不会淌水漫延，颇为奇异，民间有说法：大禹在此，洪水岂敢兴风作浪。

最后是川北会馆。最早是在成都市内，由川北籍商贾、士绅等筹资，于清同治年间修建，2001年迁至洛带镇。总体布局呈四合院，中轴对称，由大殿、乐楼等构成，融中国传统会馆风格和川北民俗为一体，集中反映了川北移民的社会生活，称为晚清四川会馆中的典范。当年，除用于定期祭祀等活动，这里也是清末的一个商务平台。

▼川北会馆最早是在成都市内，由川北籍商贾、士绅等筹资，2001年迁至洛带镇

洛带镇也有字库塔，两层的结构，和街子镇那座相比，小巫见大巫，不知是否为原物，从造型和雕饰工艺看，即使是复建的，也可称得上建筑精品。此处辟为小块空地，起名“字库广场”。

▲洛带镇也有字库塔，两层的结构，和街子镇那座相比，小巫见大巫

一座高大的石牌坊，横在老街尽头，仿古式样，古色古香，“洛带古镇”匾额，两侧题有抱柱联，分别是“春曦坊外缦卿云，晓雾花间浮暖艳”“玉带落井流到东海，铁钟在亭叩响西川”，联文精彩，寓意深远。走到这里，我们停下歇息，回头望去，街内灯火通明，我便想到“乌衣巷口夕阳斜”的诗句，旁边有饮品小店，招牌“食品加油站”，一时让我迷惑了，难辨此时是何年何地……

第二天清晨，雨雾轻浮，我独自出了客栈，沿路往西向走，来到老街的下街。古镇人勤快，卖早点的食店开张了，热气蒸腾，香味弥漫，你从哪家门前经过，店主都会主动招呼，笑容透着诚意。几百年岁月里，古镇客家菜品，集各地食材之精华，积累形成了美食系列，品种繁多，特色鲜明，我细数了数，记住了其中的几样：九斗碗、酿豆腐，盐焗鸡、油烫鹅、伤心凉粉、芜蒿饼、石磨豆花、天鹅蛋、面片汤、玫瑰糖……其中印象最深的，是那碗“伤心凉粉”，10元一碗，各家价格统一，鲜香麻辣，爽口滑嫩，因吃的人会被辣得流泪而得名，越是这样，越是吸引游人品尝，一把鼻涕一把泪。客家人则戏谑：因为思念故土，所以“越吃越伤心”。而所谓“天鹅蛋”，其实是面粉做的，如同油炸馃子，一串5个，3元一串，拿在手里，可以“逛吃逛吃”。

“叔岷巷”巷口，竖立一尊石雕像，是位怀抱古

▶ “叔岷巷”巷口，竖立一尊石雕像，怀抱古琴的长衫先生，刻有他的生平简介：国学大师王叔岷

琴的长衫先生，刻有他的生平简介：国学大师王叔岷……我不了解其人，回家查阅资料得知，补记如下：王叔岷，洛带镇下街人，台海华人圈广受推崇的历史语言学家、校雠名家，1941年考入北京大学文科研究所，1949年后，先后在新加坡大学、“台湾大学”、马来西亚大学任教，主要著作是《史记斠证》《庄子校诠》等，被誉为20世纪庄子字意训诂方面最权威的学者，2008年，仙逝于故乡长子家中。家乡人为他立碑在此，我想，其故居就在这条巷子里吧。小巷幽静雅致，两侧泥墙小屋，悬山顶，小青瓦，一方扇形“砚田”小匾，整条小巷都显得书卷气十足。

从叔岷巷出去，是洛带的“镇中镇”：博客小镇。宽阔的广场上，代表性的建筑是“博客楼”，一座圆形客家土楼，仿照福建土楼风格，惟妙惟肖，楼内4层，除了主题的“西部客家博物馆”，还有年画、泥塑、竹编、香包等非物质文化遗产展览，以及传承人的工艺表演等。广场布置成大花园，又有两座复建古建筑：五凤楼，据说三国时就有此楼，3层飞檐，巍峨挺拔，洛带镇最高的建筑；万年台，与五凤楼相对应，仿古的大戏台，每天都有民俗节目表演，供游人免费观看。

洛带镇的旅游开发，并不满足原有的客家历史遗产，他们将

◀ 五凤楼，据说三国时就有此楼，3层飞檐，巍峨挺拔，洛带镇最高的建筑

当代文化元素引进来，打造出别开生面的文旅产业。除了“博客小镇”，“中国艺库”更令人赞叹。这是一个集艺术原创和展览、艺术品拍卖、艺术机构创业孵化、玻璃陶艺研发等为一体的文化旅游项目，也是四川省的重点文化项目，致力于打造中国首个艺术生活体验区。项目区与老街无缝对接，也是“博客小镇”的一部分，建筑风格为现代、古代、川居相结合，临街设计成两边通透的双临街格局，街旁小巷配有精巧院落，包括“中国艺库当代艺术中心”“中国西部陶艺文化中心”“中国艺库智库中心”“名堂创意”“网络文学体验街区”等，而且还在继续完善和配套，并和成都双流机场、武侯祠博物馆、宽窄巷子等联合，推出“中国艺库旅游直通车”服务项目，广泛传递洛带“人文新镇”的文化新名片。因为是清晨，这些场所都没开门，沿街浏览外观，足以让我激动不已：传统文化与当代创意的完美结合，洛带古镇做出了具有超前性的样板，但愿能够扩大影响，依此类推，不断探索古村镇保护和利用的新路

▼ 洛带镇的旅游开发，并不满足原有的客家历史遗产，他们将当代文化元素引进来，打造出别开生面的文旅产业

径。国内有条件的古村镇，都应按照这种模式，因地制宜，摸索出独辟蹊径的现代旅游产业新路子，满足人们日益增长的多重文化的精神需求。

走到长街东口，一座城堡式门楼，如一尊年轻的高大强者，守护着自己年老的家园。门楼旁边，竟然有家“肯德基”店，古榕树下，门面简洁，我进去稍坐，点了一杯咖啡，边呷边注意就餐的人，多是古镇的居民。我把目光移向窗外，遐思迩想：大千世界，芸芸众生，我们每一个人，作为个体生命，其实都是“客家人”，天地永恒，过客匆匆，珍惜当下，追逐和享受梦想，这是洛带古镇留给我的从未有过的感受——这样想着，我开始憧憬下一个古村镇……

对了，差点忘了，还有燃灯寺，我们事先不知详情，便没前去拜谒，回家整理文字时，方知是一座千年古寺，一并记述如下，略补洛带之行的遗憾：燃灯寺，位于老街的北侧，建于隋代开皇年间，初名“信相寺”，后改称“圣母院”，北宋真宗皇帝赐名“瑞应禅院”，俗称“瑞应寺”。清代嘉庆年间，因上殿奉有燃灯铁佛，改称“燃灯寺”至今。寺院在后来遭毁，后在废墟上重建，香火重燃，再度兴盛。现在，寺内开设“四川客家博物馆”，常年举办“中国西部客家民俗文物展”，陈列大量客家民俗文物等。我突发奇想，如果改称“燃灯又寺”，后人问起来时，也许会更有故事可讲。

▶ 长街东口，一座城堡式门楼，如一尊年轻的高大强者，守护着自己年老的家园

话说塘河

▲ 残留的东水门，石条门框形影相吊，顽强支撑着“门面”

塘河镇，也就是一条老街，连走带看，一个多小时就能转回来，可要坐下说起来，话题的篇幅就长了。

那天下午3点多了，我们才赶到镇前。一条不太宽的河，水流湍急，泥沙俱下，应该就是塘河了吧。河畔几棵古榕树，虬枝盘曲，绿叶如盖，遮蔽出一大片阴影。我们停车下来，正在犹豫，见前面台阶上站一村姑，问她镇里情况，她指着身后横向的街巷，调侃地说道：“来咱塘河不怕迷路，就这么一条老街。”接着，她建议我们先去码头，然后再拾级而上，沿路就可游遍全镇。我们谢过姑娘，转身下了几十级石阶，来到空无一人的古码头前。

塘河虽建镇于明代，2000多年前，就有人在此聚居，到了清代乾隆时期，随着商品流通和水陆运输的发展，这里成了渝、川、黔重要的物资集散地，舟马不绝，商贾如云，留下诸多历史遗迹。码头建于清代，如今已名存实亡，残留的东水门，石条门框形影相吊，顽强支撑着“门面”，当年为防盗防匪，此门日开夜闭，设专人把守。往下十几级石阶，可以延伸到昔日码头的废墟。近期降雨偏多，河里裹含大量泥沙，水面呈黄泥色，源源不绝。站在这里，我痴呆地想：岁月就是让它

▲ 老街全长约600米，宽达6米，从码头开始，呈梯级状蜿蜒向上

带走的吧。

老街全长约600米，宽达6米，从码头开始，呈梯级状蜿蜒向上。街面铺设的石板，依然严丝合缝，非常坚固，石阶的边沿，已成圆滑的钝角，好在阶面较宽，即使下雨湿滑，走起来也很方便。沿街的房屋，以青石做基础，砖木墙体，高高低低，错落有致。为遮阳挡雨，房檐多是前探，有的为廊檐式，斗拱雕梁，花格门窗，颇有建筑艺术水准。也有另类建筑，比如“朱家洋楼”，二层是通廊，圆弧形窗口，罗马柱阳台，当年如此偏远的山区，将中西方建筑风格融为一体，令人称奇叫绝。

沿街而上，走了一段，我们发现，老街中间有两段小街，庙巷子街和横街子。庙巷子街临塘河，古时多为打制锄头、锯镰、剪刀等生产和生活用具的街铺，背面临水为吊脚楼，所以又叫上河半边街；横街子则是占卦、测字的铺面和油坊。走在这样的老街，脑海会涌出当年商市的热闹景象，定睛四望方才回归现实，商市的盛景只能在古镇人们的记忆中去寻找啦。

走到老街的最高处，是古镇的精华建筑——清源宫，清代光绪十三年（1887）建成，后来遭毁，2012年重新修建。虽然是复建的庙宇，选材、工艺、施工等，均为高标准、高质量，依然保持古建原貌。大门上方，凿刻“显于西土”4个大字的石匾，斑驳残缺，显然是原物。

走进大门，中间是正殿，供奉万天川主菩萨李冰神像，对面的戏楼，檐角飞翘，台额木雕图案，两侧是庑屋，上下两层结构，围成一个院落，石板铺设地面。清源宫也是娱乐场所，庑屋摆放着桌凳，有镇里人在打牌，不吵不嚷，安享山乡宁静的岁月时光。

清源宫对面的“龙门号”，是旧时的“船帮会馆”，塘河撑船人休闲聚会之地。典型的徽式建筑特征，四合院布局，马头山墙，卷棚斗拱，撑弓雀替，当时的兴盛之势可见一斑。

其实，塘河古镇包括3部分，除了脚下的老街，还有石龙门庄园、廷重祠，都在附近的村子里，我们不便开车过去，只好用文字记述如下：石龙门庄园，建于清代乾隆初年，隐匿于密林修竹之间，占地30余亩，房屋520间，穿堂叠殿，9道中门，形成“龙门阵”式，匠心独运，气派豪华；廷重祠，又名孙家祠堂，建于清代光绪十八年

▼ 清源宫也是娱乐场所，庑屋摆放着桌凳，有镇里人在打牌，不吵不嚷，安享山乡宁静的岁月时光

（1892），整个建筑为宫殿式，屋脊用镂空黄绿色琉璃砖砌筑，两边有高耸的圆穹式和重檐式封火墙，为重庆市保存较好的宗祠建筑典型代表。

此外，塘河古镇四周，还散落有红岩硐寨群、千担岩汉墓群等西汉以来的历史遗迹，为研究巴蜀历史文化发展的珍贵资料。据介绍，红岩硐寨群建在两边悬崖峭壁上，由十几处硐寨组成，寨与寨之间有木石或栈道相连；千担岩汉墓群位于滚子坪东麓千担岩绝壁上，墓群长180米，高30米，3层15室，左侧石壁刻有奔马，是东汉崖墓在川东地区的典型。

塘河镇境内林木茂盛，有2000多株桫椤，成长在这里的峡谷地带，是重庆市最大的原始桫椤群落。桫椤树是国家一级保护的濒危植物，有“蕨类植物之王”的赞誉，气味芳香，木材坚固，可制作家具或建材，还可做药用或香料，因此极为珍贵，被佛教视为“圣树”之一。

目前，塘河仍为镇制，辖3村1社区，人口1.8万人，现存明清古建筑近4万平方米。完美的自然生态景致，绚丽的历史文化遗产，将会吸引更多的人走进这座古镇，从而热爱它，关注它，传诵它，为它呼吁各级有关部门，制定维护措施，加大保护力度，使其散发更为久远的光彩——当然，这是我个人的美好心愿。

走出塘河古镇，我又回望一眼，街巷空荡，而更为空荡的，是我们的内心：如果没有旅游业的拉动，这些古村镇的使用价值何在，它们未来的命运又该如何？

◀ 走出塘河古镇，我又回望一眼，街巷空荡

梦回千年

夜幕降临，所有的红灯笼都点亮了，一条条大街小巷，就像是彩色的河流，斑斓闪烁，光影流动。人们走出家门，跳广场舞的，沿街散步的，推车叫卖的……如同大城市的夜街，我们这些外地人融入其中，似乎也变成了古镇人，迟迟不想回去休息。

这就是双江古镇昨天来了后给我的第一印象。当时，住进客栈已近傍晚。店主建议我们：“出去逛逛吧，晚上的街面更好看。”

夜晚逛街，视线模糊，景物不太清晰。今天早饭后，我们又沿路重游，印象加深了，记忆也就更全面了。

镇内有两条小溪，猴溪和浮溪，双溪环绕，故名双江镇。

双江镇建于明末清初，1950年至今，一直是镇政府所在地。嘉陵江的支流涪江，流淌在镇外的1公里处，河宽水缓，长年通航，上可

▼ 夜幕降临，所有的红灯笼都点亮了，一条条大街小巷，就像是彩色的河流，斑斓闪烁，光影流动

至遂宁、绵阳，下可达合川、重庆，所以，这里水路、陆路交通便捷，成就了古镇的前世今生。

镇内几条老街，宽宽窄窄，宽的有正街，窄的有老猪街，纵横交错，又深浅不一，把全镇划成网格状。沿街店铺相连，门类多样，杏黄的旗幌，大红的灯笼，竞相炫耀，展示着保持依然的清代商市特色，漫步石板路上，穿越感油然而生。板壁斑驳，掩映在深长的檐下，青砖灰瓦，沉积出岁月的厚重。巷内深处，多为四合院落，门坊柱壁上，残存的石木雕饰，古韵犹在，依稀可见，显露着岁月的沧桑。偶有风格别样的建筑，则是镇内的几幢“经典”。

▲ 镇内北街的“杨闇公旧居”，建于清代道光二十八年（1848），是杨闇公及胞弟杨尚昆少年生活、学习、成长的地方

所谓“经典”，大体为两类。一类是“红色景观”。双江镇山清水秀，人杰地灵，杨闇公烈士正是出生于此。杨闇公，中国共产主义运动先驱者之一，四川早期党团组织的主要创建者和大革命运动主要领导人，1927年4 月，被反动军阀残忍地杀害，年仅29岁。镇内北街的“杨闇公旧居”，建于清代道光二十八年（1848），是杨闇公及胞弟杨尚昆少年生活、学习、成长的地方，1992年对外开放，2011年重新维修布展。总体为中式建筑，一进三重，包括源泰和大院、邮政局大院（自清代末年到1949年，是镇上的邮政代办所，由杨家经营）和杨家祠堂“永绥祠”。主要展出“杨闇公烈士生平业绩”“杨家生活复原物”“民主革命时期中共潼南历史”3部分，是全国爱国主义教育示范基地、全国红色旅游经典景区。

“杨氏民宅”也在北街，是清代光绪年间双江镇首富杨守鲁（杨尚昆堂伯父）的宅院，按照清代二品官员的规格，建造于光绪四年（1878），为全国重点文物保护单位。宅门很普通，半圆拱形，朱漆门板，内藏却宏

▲古镇人生活优哉，让我们外地人羡慕，甚至还有点莫名地嫉妒

大，共有51间房屋，为七间三进，每进都有天井、栏杆、回廊、花台，庭院通透幽深，工艺精湛，屋脊塑飞禽走兽，驼峰式山墙，是我国西南地区保存最完好、规模最大的清代民居建筑。

另一类是“公共建筑”，以禹王宫为代表，包括寺庙茶肆等场所。禹王宫，又称湖广会馆，清代初期由杨氏族人出资修建。正面牌楼式造型，肃穆威严，几组石雕图案、花卉人物等，围绕“圣旨”二字，不知其意为何。门前塑有戏剧人物铜像，工艺上乘，形象逼真。内部由戏楼、报厅、正殿三部分组成，旧时兼有同乡会、商会、客栈和娱乐等功能。戏台建造得考究，歇山顶，飞檐翘角，气派华丽，两侧的“耳楼”，雕花栏杆，视野开阔，可凭栏而坐赏戏，类似今日剧院的包厢。

河街的丁字路口，一栋典型的清代商业建筑，取名就叫“丁字口茶楼”，整体木质结构，斜撑、走廊、窗棂、门楣等处，均雕琢精美的花纹图案，底楼是厅堂，摆设着旧式方桌，二楼有雅座，可倚窗观景。街上游客稀少，茶楼内却人声喧哗，我往里瞅了几眼，几乎坐满当地人，他们或打牌，或摆龙门阵，嗓门一个比一个亮堂，喝茶倒成了陪衬。古镇人生活优哉，让我们外地人羡慕，甚至还有点莫名地嫉妒。是呀，辛劳奔波人世间，追求的不就是这种安逸的生活吗，而这里的父老乡亲，生于斯，长于斯，衣食无忧，尽享地厚天高，尽享祖先的恩泽……我幡然醒悟：珍惜当下，让身心回归自然，才是人生的真正终极目标，那些狂热盲目的奢望，海市蜃楼的诱惑，只能让你陷入泥潭，无法自拔，等到明白了的那天，纵物质无缺，又有何意？这样想着，走着，我们似乎忘了回客栈的路。

双江地处巴蜀交界，既有川菜传统，又有渝菜风味，几条老街的街面，以饭铺小吃摊居多，“美食双江”，名不虚传。单看各种招牌，就叫人垂涎欲滴了，再看摆放的食物，色泽入眼，香气扑鼻，更是让人食欲大开。双江地方名菜中，“白酥鱼”应是首选，因其风味独特，列入我国名菜谱中之上乘，清末就已名扬巴山蜀水，其特点是骨肉并食，冷热皆宜，适合各地食客口味。而各类美食小吃，则不计其数，千层麻花、米花糖、山药片、土红糖、花生酥、芝麻饼…… 如要我推荐，非“陈凉粉”莫属——因为我们都一一品尝过了。陈凉粉，是陈家祖传手艺，已有100多年制作历史，以白豌豆为主料，色泽金黄，切成宽条，放入9种配料，味道极其独特。没吃上“白酥鱼”，算我们没口福，陈凉粉可不能再错过了。坐在街边小店，刚一入口，所有味觉全开，麻辣鲜香软糯，起身离开后，仍一路满口余香。

如今，双江镇已是国家4A级旅游景区，如果杨闇公烈士英灵有知，一定会备感欣慰，长眠九霄。

离开双江时，古镇北门题有“双江一天，梦回千年”8个字，同伴看了，喃喃道：“好像还没醒过来。”是呀，我也有同感，唐代白居易诗云：“夜来携手梦同游，晨起盈巾泪莫收。”但愿双江古镇永在我梦中。

◀古镇北门题有“双江一天，梦回千年”

偏岩

重庆北碚区华蓥山西南，两条余脉之间，坐落着一座古镇，名叫偏岩。清代乾隆二十四年（1759）建镇之初，因常有山洪暴发，民间便有了传说，是孽龙出山兴风作浪，遂取名“接龙”，祈愿平安吉

▲青石桥下，一条浅浅的小河，名叫黑水滩，却清澈见底，水流缓缓，蜿蜒曲折，紧紧环抱着古镇

祥。后来，何时为何改名偏岩，我没查到出处。2005年与金刀峡镇合并，成立为新的金刀峡镇，将偏岩镇包裹在中间。我们从镇外进来，穿过热闹的新街，一条青石桥相隔，新街与老街截然分开，过了桥走进老街，才是偏岩古镇。因此说，偏岩已非乡镇建制，如今只是一个名称而已。

青石桥下，一条浅浅的小河，名叫黑水滩，却清澈见底，水流缓缓，蜿蜒曲折，紧紧环抱着古镇。站在桥头，正好观望古镇外貌：依山傍水，一幢幢青瓦木屋，沿河分布，重叠错落，岸畔的高桷树，高大粗壮，疏密相间，这些百年老树，盘根错节，枝繁叶茂，像一顶顶遮天蔽日的巨伞，虚则倒映在水面，实则遮荫水边的老屋。老屋多是吊脚楼，临水的后门，有小石阶与河滩相连接，方便下河取水、洗刷、垂钓等。

河边有闲坐的村民，听他们讲说，河上共有3座石桥，连接两岸的新镇和古镇。从中间的桥走进去，一条石板老街横在面前，即是古镇的主街，当地的老户都叫它横街。

200多年的风云变幻，街边建筑似乎从未翻修或改造过，让人惊讶和不可思议。这些清代老屋，木竹结构，以木斗为骨架，木板或竹篱糊粉为墙；硬山或悬山顶，黑瓦白壁，简陋却保持端庄的架构；两层小楼居多，底层空间开敞，开设店铺或茶馆，上层依柱半悬，形成吊脚式构架，“让出三尺地，多占一份天”；花窗和栏杆等处，雕饰古雅，图案或几何纹样，或花卉果实，极富情趣。

镇内大型古建筑原本不多，加之在历史变迁的过程中损毁严重，如今仅存禹王庙和戏台。古镇口东侧，由于有这两座建筑，形成一个小广场，以为游客不多，原来都聚集在这里，或参观或歇息。禹王庙为清代道光十二年（1832）始建，坐西向东，穿斗与抬梁混合构架，悬山式屋顶，小青瓦屋面，整体庄重肃穆。10级台阶之上的大堂内，供有禹王牌位与神像，两侧还有数十尊雕像，为《封神榜》中的人物。禹王庙前是古戏台，上层空间开敞，四周梁柱间，雕刻古代戏剧图案，保留着古色古香的韵味；下层是暗层，有化妆间和更衣室等。据说每到节日，这里都上演大戏，周边的乡邻也都被吸引过来。我们也坐下休息，看着眼前油彩艳丽的古建筑，不免让人心生疑惑：不知是原物，还是近年所复建的？

据说镇内还有一座武庙，并配有钟鼓楼和正宫厅，乾隆初年所建，供奉关公及关兴、周仓等神位，后来听说被毁，不知原址在哪儿，至今有没有恢复？

来到另一座石桥旁，一株巨大的黄桷树，四周木栅栏相围，以防人畜等触碰。黄桷树，也叫大叶榕，树形奇特，寿命长久。这株黄桷树，就有500多年的树龄，把此树所有的特质都“长”到了极致，是古镇的“黄桷树之母”，据说那些百余年的黄桷树，都是用它的树枝插成的，可以说都是它的孩子。站在这株4人才能抱拢的古树前，我们人类就显得太渺小了。因此，敬重和保护所有的生命，与其和谐共存，才是这

▲ 200多年的风云变幻，街边建筑似乎从未翻修或改造过，让人惊讶和不可思议

▶ 禹王庙前是古戏台，上层空间开敞，四周梁柱间，雕刻古代戏剧图案，保留着古色古香的韵味

个地球亘古不变的准则。

偏岩还是一座“红色乡镇”。由于地处深山，当年曾是“华蓥山游击队”经常活动的地方。

今天的古镇，已成为美术院校学生写生的地方，一些影视剧也来此拍摄民俗民风等。

▲ 今天的古镇，已成为美术院校学生写生的地方，一些影视剧也来此拍摄

古镇为何取名为“偏岩”，我们一直没找到答案，走到横街尽头了，仍不得其解。最后这段街面，是半通透的廊道，外侧是沟壑，里侧是连续的店铺，可惜门窗紧闭，商业气息荡然无存。一面岩壁倾斜高耸，悬空陡峭，不经意间，我抬头瞥到“偏岩”两个隶书大字，刻在那平展展的石壁上——无须任何解释了。

第八章 唱山歌

小时候看《刘三姐》电影，知道广西是个爱唱山歌的地方。辛丑年早春时节，我们从暂栖的海南出来，渡过琼州海峡，进入这个壮族自治区，踏上寻访古村落之旅。一路上，漓江两岸、民族村寨、风雨廊桥……虽少有山歌悠扬，耳畔却余音袅袅，相伴始终……

扬美还美吗

扬美开始不叫扬美。当年先民来到此地，满目荆棘丛生，白花遍地，顺口叫了“白花村”。后来，村子规模扩大了，又多了有识之士，村名日显不雅，见左江三面环绕，扬波逐流，便易名“扬溪村”。再后来，水运兴起，商旺集镇，环境也变得越来越美，于是，人们又将“扬溪”改为“扬美”，一直沿用至今。

初听“扬美镇”，我就开始憧憬了。走过诸多古村落，以美冠名的，还是首次闻听。所以，开车去的路上，我的脑子里塞满“美”的遐想。

▶ 过了状元桥，一座仿古石牌楼，横在道路中央，将新旧两个区域划分开来

扬美镇在左江的下游，距南宁市区30多公里。早先时候，水陆交通方便，从南宁过来，乘船沿邕江北行，进入左江就到了。如今高速公路更便捷，车行半小时，就从南宁市区到达古镇门前。镇前有停车场，坐观光车到村中心，花2元钱，省了不少体力。

过了状元桥，一座仿古石牌楼，横在道路中央，将新旧两个区域划分开来。往前走，路旁都是老建筑，挤满店铺和摊床，形成沿街的集贸小市场：店里是居家用品，门外摊床上，是当地的食品，现做现卖，热气腾腾；屋檐下墙脚边，有农妇就地摆摊，手工编织物、菜蔬和干货……虽然杂乱无序，却显得热热闹闹，浓浓的乡情，让久居城市的我们备感亲切。如此商业氛围，源于古镇的历史，扬美始建于宋代，明清时期发展为商业集镇，是南宁周边主要的贸易中心。

▲ 往前走，路旁都是老建筑，挤满店铺和摊床，形成沿街的集贸小市场

扬美现存的古建筑，以民居为主，经文物部门普查认定：明代1处，清代142处，民国117处，建筑风格大体趋于统一。解放街上的“五叠堂”，坐落在路边明显位置，也是扬美古民居的代表。

我们进来的这条街，就是解放街。以刚才的石牌坊为起点，街长贯穿古镇南北，明清时是新兴坊，民国初期叫金马街，1949年后改为解放街。史料记载，1922年以前，街两旁商铺林立，遍布众多作坊，历经漫漫岁月，“五叠堂”能够保存下来，自有其行善积德的缘故。

“五叠堂”门脸朝街，面宽10米，青砖青瓦清水墙，典型的清代建筑风格，也是镇内最大的民居建筑。门楣处挂置“五叠堂酒店”牌匾，两侧“千里有缘千祈勿误千年晏，五洲无偶五福常临五叠堂”的对联，应该专为“酒店”所撰，大门却紧闭。门口墙上挂有“说明”，介绍得较为详细：清代嘉庆年间所建，共有五进之深，而且逐进增高，犹如一堂叠着一堂，故而得名“五叠堂”。此户人家姓杜，擅长做豆豉，又黑又香，为人还厚道老实，从不缺斤少两，所以生意越来越好，甚至做到了广东及东南亚一带，扬美豆豉也因此扬名各地。我虽没品尝这里的豆豉，但对豆豉并不陌生，家里常买此类食品，比如豆豉酱，吃起来特别下饭。

解放街上还有一处古建筑，游人经过之时，全都投去敬仰的目光——辛亥革命先贤梁烈亚的故居。梁烈亚曾参加镇南关起义和辛亥革命，后又积极投身抗日战争、新民主主义革命，新中国成立后任上海文史馆馆员，直到1982年仙逝。原建筑占满半条街，现仅存1厅3房1庭院，我们经过时，看到斑驳的门板前，有几个农妇蹲坐地上，售卖自家的土特产。

沿解放街走到尽头，是金马埠码头。有游船停靠这里，便聚集了众多人群，店家摆了很多桌凳，供游客品尝江鱼美味。有村人在忙着蒸猪肉，从大锅里盛出来，一盆盆晾在桌子上，色泽诱人，香味扑鼻。我以为是为饭店准备的，问了才知道，原来是留给自家吃的——古镇的特殊做法，能够存放好长时间。

▲ 有游船停靠金马埠码头，便聚集了众多人群，店家摆了很多桌凳，供游客品尝江鱼美味

穿过白色的“金马街”拱门，是古闸门的遗址。这里也是“临江街”的入口，此街建于清代道光十四年（1834），又叫清代一条街。街口是一座门楼，坐南朝北，青砖砌筑，外抹水泥，门楼高4.7米，宽3.6米，拱门高2.6米，宽2.15米，拱门上方题有“临江街”3个字，下方12级台阶。古街沿左江岸边的台地走势，长约300米，宽近4米，路面铺设的青石板，还是当时从崇左水路运来的。古时的街上，有新街埠、大湾埠、细湾埠、金马埠等码头直通江边，方便人们生活起居和商埠活动。

临江街是古镇的精华所在。踏上石台阶，两旁青砖灰瓦，屋脊飞檐，柱础石雕，完全保持着清代民居的构架，依稀可见当年的商铺面貌。曾几何时，这条长街该是何等的热闹，如今虽然归于宁静，行走其间，你依然会嗅到古朴的气息，幻想出繁华商贸的景象。几座主要建筑，藏匿在主街旁的小巷里，几番周折才见到它们的

▲ 穿过白色的“金马街”拱门，是古闸门的遗址。这里也是“临江街”的入口

▲ 临江街是古镇的精华所在。踏上石台阶，两旁青砖灰瓦，屋脊飞檐，柱础石雕，完全保持着清代民居的构架

真容——

“清代民居”。建于清代道光年间，典型的清代民居式样。坐东朝西，硬山顶，砖木结构，青砖灰瓦，檐廊深探，廊内2根木柱支撑梁架。屋内已无人居住，檐下坐着一妇女，好像在守候着祖屋，又似有收费的嫌疑。我们没有多停留，只朝屋内匆匆望了一眼：厅堂内设有神台，上方木构方框内，彩绘凤纹等吉祥图案，簇拥“树德堂”几个字。

“明代民居”（也称“七柱屋”）。与“清代民居”相隔一条窄巷，扬美现存唯一的明代老屋。明代万历年间的建筑，时代特征明显。同样坐东朝西，同为硬山顶，青砖砌墙，灰瓦覆顶，如果仔细观察，你会发现，青砖要比清代和民国的更大更厚。在房屋结构上，明代建筑稍复杂但更具科学性，整体由檐廊和里屋组成，檐廊左右各立1根木柱，柱子上架梁，柱下有扁圆石础。再往门里看，两边平行竖立7根木柱，柱子顶端用方木开榫头成屋架，屋墙围着木柱砌筑，里屋用木板隔开，形成厢房。这种结构的建筑，即使墙体倒塌，还有木柱在

▶ 扬美地灵人杰，自古人才辈出，如此弹丸之地，明、清两代科举考试，出了6个进士、4个举人、30多个贡生

▲ 檐廊左右各立1根木柱，柱子上架梁，柱下有扁圆石础

支撑，屋顶不至于随着倒塌下来。站在老屋面前，我一时无语：几百年的时空距离，今日近在咫尺，是偶然相遇，还是几世结交的缘分？门前晾晒着衣服，估计有人居住，不便进去打扰，我们拍完照片便离开了。

“举人屋”。扬美地灵人杰，自古人才辈出，如此弹丸之地，明、清两代科举考试，出了6个进士、4个举人、30多个贡生，即使在文化发达的中原地区，这种情形也极为少见。眼前这套宅院，是清代道光八年（1828）的建筑，住户早已搬出，改为旅游展览景点，有人在此做讲解（不知是否举人后代）：当时主人登壬午科，被授予“举人”牌匾，悬于大门之上，因而得名“举人屋”。整座建筑为三进两天井布局，一、二进均是一厅四房，三进是厨房，天井为青砖铺地，檐下墙壁上残留彩绘图案，屋脊两端的龙吻，仍然完整无缺，沐浴在今天的暖阳之下。

“黄氏庄园”。这座清代乾隆年间的宅院，坐落在一条小巷的尽头，由镇内黄姓商人所建，占地面积达900多平方米，是扬美规模最大的清代建筑。我们到来时，有人家在操办宴席，炉灶等摆在庄园墙外，院门也紧锁，只能扒着门缝往里窥视。从外观看，主建筑南北走向，大门朝南，另有二门和侧门，与东西向的厢房相对。硬山顶构架，屋脊两端塑祥云图案，既朴实无华，又庄重不俗。不能进去观赏，我们只能遗憾地离开。

看完这几处老屋，走出临江街，再无别的景物可观，就算游完了扬美。往镇外走的路上，眼前刚刚经过的街景，却让我联想起古镇的往昔。古时的扬美，有资料记载，虽无崇山峻岭，却景色秀丽，左江环绕，碧绿清澈，岸畔古树参天，翠竹成林，红棉似火，八大景观浑然天成。前人曾赋诗赞美“环绕青坡异草花，清泉剑影夕阳斜。滩松相呼渔歌晚，文阁登临望紫霞”“亭对江流一曲流，金沙夜月泛轻舟，雷峰积翠无边景，龙潭夕影静在秋”，引得徐霞客也曾来游览，大为赞赏并记载下来。如今，这些景致已化为幻影，唯有百余幢明清建筑，沧海桑田，不离不舍陪伴至今，成为古镇的魂之所在。因此，保护好这些古建筑，不仅仅是着眼旅游事业，更重要的是传承历史余脉，延续中华民族优秀的传统文化。

扬美，但愿不久的将来，还能恢复它原有的美。

▼ “黄氏庄园”。坐落在一条小巷的尽头，是扬美规模最大的清代建筑

侗恋程阳

三江侗族自治县，位于广西北部的桂、湘、黔三省交界处。在这片古老而富饶的土地上，世代生活在此的侗族人民，用自己的智慧和勤劳，创造出灿烂的侗族文化。其独特的风情习俗，别致的民族村寨，组合成一幅幅赏心悦目的风景图画。其中最为耀眼的，要数程阳八寨。

住宿三江县城，程阳八寨在19公里外，早饭后，我们即刻驱车前往。春日阳光和煦，难掩激动的心

跳，脑海里反复迭出无限的憧憬。来三江之前，只知是侗族聚居地区，却不知如何游览，宾馆提供的宣传画册，让我们结识了程阳八寨：三江县最典型的侗族村落，享有“中国侗族文化活态博物馆”的美誉——当然就成为我们三江旅游的目的地了。

作为国家4A级旅游景区，程阳八寨显然已经打造得非常成熟了，门前的服务区内，停车场、商业街、游客中心、观光车站等，一应俱全，管理也井然有序，人性化的标识，无须到处找人询问。乘坐景区观光车，在“中国侗画体验馆”下来，再步行经过一片油菜花海，就到了永济桥前，这里也是程阳八寨的入口处。

我对永济桥的精美造型，脑海里事先涌出过多种想象，但真的站在了它的面前，还是让我大为惊叹。迷蒙的晨雾里，鹅黄和翠绿之间，

▼ 迷蒙的晨雾里，鹅黄和翠绿之间，一条黑白相间的“巨龙”，卧在平静的林溪河上，似乎还在香甜地酣睡

◀ 永济桥始建于1912年，历时12年完工，是侗族建筑最杰出的代表，也是世界上规模最大的风雨桥

一条黑白相间的“巨龙”，卧在平静的林溪河上，似乎还在香甜地酣睡。大批游客还没进寨，我们正好可从各个角度观赏和拍照。永济桥始建于1912年，历时12年完工，是侗族建筑最杰出的代表，也是世界上规模最大的风雨桥：全长77米多，桥廊宽近4米，桥墩至桥面12米，桥面至塔顶8.7米，可见其整体的高度。从结构和造型装饰看，为石礅木结构楼阁式建筑：5个青石垒砌的桥墩，六面柱体，迎水面为尖形，以减少水的冲力；桥面铺设木板，两旁镶有栏杆，由19间桥廊贯通；桥上5座楼阁式桥亭，重檐翘角，顶端装饰彩色“葫芦”；桥盖青瓦白脊，形成黑白分明的横线分割，别有庄重典雅的艺术美感。作为国家重点文物保护单位，永济桥堪称中国木结构建筑的艺术珍品。郭沫若曾为此桥题诗，录有其手迹的刻碑仍立于桥头：“艳说林溪风雨桥，桥长廿丈四寻高。重瓴联阁怡神巧，列砥横流入望遥。竹木一身坚胜铁，茶林万载茁新苗。何时得上三江道，学把犁锄事体劳。”据《三江县志》记载，当年50位建桥领头人，走遍8个侗族村寨，发动村民，募集资金，“皆踊跃争先……供材不分贫富，服工不计日月，男女老少，惟力是尽，绝不推诿而终止”。侗家人热爱公益、团结友善的精神，可见一斑。

视线越过永济桥，眺望林溪河对岸，清晨雾霭中，一幢幢寨楼，高低错落，在远山映衬下，朦朦胧胧，犹如海市蜃楼，让人沉迷其中。

登上二十几级石阶，才能进入永济桥内。天阴无

光，略显昏暗的廊道，悠长而空旷。快到下桥的地方，几位身着侗族服饰的老妇，坐在栏杆下长凳上，售卖自家手工编织品，见到有游客走过来，她们热情地招呼，我们虽然没买什么，待我把相机镜头对过去，老人们却微笑着配合。

▼快到下桥的地方，几位身着侗族服饰的老妇，坐在栏杆下长凳上，售卖自家手工编织品

程阳八寨，就是8个相连的自然侗寨，翻开导游图，看到整体面积很大，不知该如何游览。走出永济桥，问路旁卖茶的侗家姑娘，她笑着给我们讲解："你们两天也走不完，其中岩寨、平寨、马鞍寨规模最大，距离近，又集中，代表了程阳八寨的主要精华，半天可以转回来，就不用再去其他寨子了。"我们没有买茶的意思，她却如此热情耐心，侗家人的彬彬有礼让我们感动。

蜿蜒的林溪河，将岩寨、平寨、马鞍寨分割开来。按照侗族姑娘的指点，我们先去稍远的岩寨，然后再往回绕，可以少走很多弯路。油菜花盛开期已过，溪河两岸，田野阡陌纵横，一簇簇鹅黄色，跳动在绿丛之间，仍然让人赏心悦目。沿河修了木栈道，厚实的木板，临水的护栏，既美观又坚固，走在上面，柔软有弹性，感觉比塑胶跑道还舒服。放眼四周，古朴的寨楼，建在山坡的，高达好几层，临近河边的，多是吊脚式结构，还

◀古朴的寨楼，建在山坡的，高达好几层，临近河边的，多是吊脚式结构，还有高耸的鼓楼，横卧的古桥，繁茂的竹木，翠绿的茶园……

有高耸的鼓楼，横卧的古桥，繁茂的竹木，翠绿的茶园……人与自然的结合，竟然如此和谐、完美，我甚至怀疑自己的眼睛：真有如此人间仙境吗？

风雨桥和鼓楼，是侗寨两个独特的标志。沿溪河走，首先映入眼帘的当然就是桥了。3个寨子的交界处，一座古老的风雨桥，又让我们震惊了。此桥建于清代嘉庆十九年（1814），在程阳八寨中历史最悠久。远远望过去，犹如小型的永济桥，重檐歇山式桥顶，两座塔阁式桥亭，石砌的桥墩，两面也为尖形。走到桥的入口处，只见桥檐遮蔽下，一块普通的木板，书写“合龙桥”3个隶书字，下面是“功德千秋”，记载着当年建桥时捐资人的名字，密密麻麻，大多已辨认不清。桥头是一家小客栈，店家姑娘告诉我们，合龙桥通往平寨。我们虽然暂不去平寨，还是走进桥廊，观赏桥外四周风光，视野更开阔，摄影角度也随心所欲。左岸是平寨，寨楼几乎连在一起，起伏连绵；右岸是岩寨，一片片梯田相围，田园人家。整个桥长42米，宽近4米，廊柱之间设有栏杆和长凳，虽是两寨之间的通道，遮阳避雨，歇息休闲，更是风雨桥所具有的功能。

据说，在侗族传统习俗里，阴间和阳世交界处，有一条阴阳河相隔，在河上建一座桥，阴阳两端的人，就能以此为生死转换的通道，

因此，建桥就是“修德”，为自己、家族甚至本民族搭建未来的希望——我忽然明白了，难怪侗家人如此热心，捐资投劳，齐心协力共创美好家园。

离开合龙桥，继续往岩寨纵深走。商铺逐渐多了起来，大都开在寨楼底层，门面完全敞开，古色古香的装饰，你仔细观察，每家店面都固守自家范围，没有任何占道经营的。商铺以饮食住宿为主，兼营当地特产，如茶叶、梅菜、腊味、罗汉果等，全都摆放铺面上，色彩多样，琳琅满目。路过“杨姐老字号小吃店”，门里端坐着店主，笑眯眯地看着你，待你开口询问，她才热情地打招呼。我注意到，一路走着，几乎所有的店铺，都没听到叫卖声，店家也不主动招揽游客，在别处的旅游景区中，这种现象绝无仅有。所以我在想，是寨子区内有统一要求，还是侗家自有的经营之道？看到一家早餐摊位前，两个寨民聊得正欢，我赶紧把镜头对准过去，把她们纯朴和自然的影像留在我的心里。

▲ 左岸是平寨，寨楼几乎连在一起，起伏连绵；右岸是岩寨，一片片梯田相围，田园人家

万寿桥的年代稍晚，规模也属微型，建在岩寨的下方，1920年的建筑，桥长仅18米，宽近5米，桥面7米多高，同样为石礅木结构，2台1墩2孔，桥墩却是水泥加固的，估计原来的石礅已毁。桥身为1座塔式桥亭和7间

▶ 一家早餐摊位前，两个寨民聊得正欢，我赶紧把她们纯朴和自然的影像留下

桥廊，廊内中间设有神台，供人们烧香拜神，祈求幸福。

再来欣赏岩寨的鼓楼。鼓楼是侗寨的标志，外形像多面体的宝塔，檐层为奇数，檐角突出翘起，似飞跃之态，楼顶镶有宝葫芦或千年鹤。鼓楼的高度一般20多米，靠多根杉木柱支撑，柱形有单柱和多柱之分，楼内宽阔平整，设有火塘和座椅等，楼中最高层架一面大鼓，过去遇有重大事件，便击鼓聚众议事，如今成为寨民的娱乐活动场所。岩寨现有两座鼓楼，一新一老，在寨子的中心地带。我们先找到新鼓楼：宝塔式造型，高度近30米，15层飞檐，由44根主柱和12根衬柱支撑，外观古朴原始，如果不问旁边的寨民，根本看不出是2005年建造的。我们见里面有人，便迈过门槛走进去。可能是外形带来的视觉差异，楼内空间并不小，青石板地面，光滑洁净，十几个老人坐在条凳上，有的在下象棋，有的在看电视，更多的人则围着火塘，大嗓门聊着天。正面的板壁上，挂满各种牌匾和锦旗，阳光透过木格窗，洒在他们的身上……如此温馨祥和的场景，在当下各地的农村已很难见到，不免让我们羡慕甚至嫉妒了。

鼓楼后面是一座戏台，建筑年代相同，两侧几层的吊脚楼，围成了一个空地。戏台也称戏楼，是侗寨必有的公共建筑，既是侗族人演唱侗戏的场所，也定时为游客表演节目。还没到演出时间，整座戏台显得格外醒目：近2米高的台面，两侧台柱上书有对联，前额枋饰有龙

▶ 戏台也称戏楼，是侗寨必有的公共建筑，既是侗族人演唱侗戏的场所，也定时为游客表演节目

凤呈祥、人物、花鸟鱼虫等木雕彩绘，三层飞檐，瓦脊中央塑有仙鹤彩塑。多种艺术融为一体，看上去，却并不杂乱和重叠，反倒秀丽别致、绚丽多彩。

老鼓楼在林溪河边，低矮而简陋，清代宣统元年（1909）建造，平顶干栏式，窗栏上有纺纱、织布、刺绣表演的字样。我们好奇地进去，里面别无他物，只有两个老妇，身穿民族服装，坐在老式纺车前，认认真真地操作着，她们似乎不是在表演，而是忙碌着自己家里的活计。

老鼓楼的旁边，是一座“萨坛”，青石堆砌，呈堡垒形状，用来祭祀“萨玛”。“萨玛”即“大祖母神”，传说在母系氏族社会时期，侗族有一位英勇善战的女首领，在反击外族入侵中赢得了侗民的崇拜和爱戴，被奉为给民族带来和平幸福的女神。岩寨萨坛是程阳八寨最大最古老的露天神坛，每年到了祭萨时间，女人们都会带着黄豆、米花、糍粑、茶叶等，来这里煮油茶，日夜唱耶歌，歌颂神母的大恩大德，为家乡侗寨祈福。我们看到，寨民每每从这里经过，都是恭恭敬敬的神态。

▼ 老鼓楼在林溪河边，低矮而简陋，清代宣统元年（1909年）建造

一水相隔，跨过简易的木板桥，就进入了林溪河北岸的平寨。

平寨面积稍大，也有新老两座鼓楼，比岩寨的两座都要大，特别是独柱鼓楼，为程阳八寨最壮观的侗族鼓楼。两座鼓楼相距不远，在一个广场的两端。老鼓楼面阔3间，重檐悬山顶，侗寨鼓楼最基本的式样，清代道光元年（1821）所建，门窗斑驳，布满岁月皱纹。几个侗家妇女在楼前忙着什么，我们不便进去参观。老鼓楼的右侧，2012年修建的新鼓楼，则挺拔壮观，豪气冲天，楼高25米，17层飞檐，是程阳八寨中层数最多的鼓楼，其最牛气的特征，不但是独柱鼓楼，也是全国同类型鼓楼中规模最大的。两侧门柱悬挂木质楹联：“平寨人精干神气个个长寿，独柱楼形奇万状巍巍千秋”。我

▼新鼓楼挺拔壮观，豪气冲天，楼高25米，17层飞檐，是程阳八寨中层数最多的鼓楼，还是全国同类型鼓楼中规模最大的

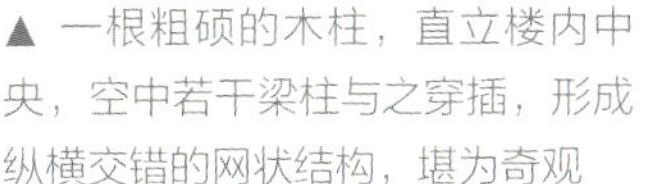
▲ 一根粗硕的木柱，直立楼内中央，空中若干梁柱与之穿插，形成纵横交错的网状结构，堪为奇观

▲ 广场旁有一井亭，名为“思源亭”，六角攒尖顶，亭内设有长椅，可休闲纳凉

们迫不及待地走进去，抬头观看，一根粗硕的木柱，直立楼内中央，空中若干梁柱与之穿插，形成纵横交错的网状结构，堪为奇观。由于只有一根立柱，楼内宽敞明亮，木壁上挂满荣誉牌匾，几个老人在观看电视，享受幸福安逸的闲暇时光。

广场旁有一井亭，名为“思源亭”，六角攒尖顶，亭内设有长椅，可休闲纳凉，里外均保存完好。亭内的水井，是1993年政府农村饮水工程的项目，井口现已盖上，估计已不再使用，亭内的石碑上，却清晰记载着侗寨人的感恩之情：“平寨饮水，幸党恩泽，饮水思源，建亭以志之，名曰思源亭。”我以前所从事的工作，经常去省内农村各地。政府投资兴建的饮水井，有的因某些原因而报废停用，几乎全都不见踪影了，估计也早被曾经受益的人所遗忘。此时，站在这座井亭旁，我不禁感慨：一个懂得感恩的民族，不论穷富，不论信仰，都应该值得我们尊敬。

类似的井亭还有，至今仍在使用，取水处干净卫生，摆着各家使用的水瓢，不可随便乱用，还有“饮用水源，请勿投币”的木牌，显然是告知游客注意的。

程阳八寨的侗族民居，仍然保留古代越人干栏式木楼结构，全部用杉木建造，屋面覆瓦，四周用“吊脚柱”支撑。木楼以三层的居多，楼下放置农具或饲养禽畜，二楼有外廊相围，屋内搭置火塘，用于烤火取暖、煮饭烧菜，三楼用于住人和存储粮食等。也有不少翻建新盖的，但都保留侗族的风格，多为木架灰瓦结构，很少使用水泥钢筋材料。侗族民居，基本是一家一幢，但彼此廊檐相连，楼板相通，方便各家相互来往，有句“侗屋高高上云头，走遍全寨不下楼”的俗语，最能说明侗族人家相互间的团结友善。

行走在侗寨，凡是街巷，不管大小宽窄，路面都用青石板铺设。听寨里人说，石板路并非集中修建的，最开始时，是各家的自发行为，你铺一块，我铺一块，积少成多，最后连接成整条街面。随着石板路在脚下的延伸，更加深了我们对侗族人古道热肠、乐善好施品德的认识——这样想着，不知不觉又走到合龙桥，开始游览最后的马鞍寨。

关于马鞍寨的寨名，还要先说说“程阳”的由来。相传700多年前，这里本是荒芜之地，有程姓和阳姓两家人，一南一北来此定居，开垦良田，繁衍生息，后来又有许多外姓人迁入，共同扩建到8个村寨。大家公认程、阳两姓为这块土地的祖先，于是将这里称为“程阳八寨”。程氏先祖初来时，骑一匹红鬃马，马死后化为一个土坡，形似马鞍，便有了这个“马鞍寨”。至于岩寨和平寨，是否取之地貌特征，我们就不得而知了。

马鞍寨靠近景区大门，也是程阳八寨中最繁华的侗寨。民宿客栈、酒吧餐厅等，遍布寨内各个角落。其中最为精彩的区域，是寨中央的鼓楼坪，就是鼓楼前的小广场。半山腰的一块平地，鼓楼面南而

▼ 马鞍寨是程阳八寨中最繁华的侗寨，其中最为精彩的区域，是寨中央的鼓楼坪，就是鼓楼前的小广场

立，两侧4层的木楼，围成石板铺镶的空地，是寨民唱歌跳舞的场所，也是侗族吃百家宴的地方。马鞍寨只有这一座鼓楼，清代嘉庆年间所建，7层瓦檐，楼高12.6米，四角攒尖顶，上面是葫芦串宝瓶。鼓楼门里，放置一个“功德箱”，类似佛教寺庙里的式样，我想起刚才岩寨和平寨的几座鼓楼，也都摆放相同的木箱，但楼里的老人都很和善，没人上前劝你捐款，所以，我们在这也没做贡献。过后我才听说，哪怕你只捐几块钱，寨里定期张贴的红纸捐款名单上，也会把你的名字填写上去——侗家人的感恩之举又一次让我感动了，也为当时的淡漠而难为情。从鼓楼里出来，看到窗栏上张贴的大幅图片，我明白了，百家宴是旅游项目，图片旁边还有收费标准：每人80元即可参加，5岁以下或身高不到1米的小孩免费。我们等不到开宴时间，只能从图片里感受那热闹的场景。

广场上照例有戏台，规模不大，但精巧别致，三层飞檐，与周边建筑的风格相同，形成特色鲜明的侗寨建筑群。

▲店主是个小伙儿，正在铁锅里炒茶

除了鼓楼和戏台，这里也是寨子的商业中心，其他建筑物的底层，是各类商铺，特色美食、侗家客栈、杂货小店，吸引众多游客驻足消费。在“侗家原生茶”店铺，我还有个意外收获：弄懂了“杀青”一词的由来。店主是个小伙儿，正在铁锅里炒茶，我便上前观看。他好客健谈，主动问我猜他在干啥？我当然知道是“杀青”，于是答道：“这是通过高温加热，减少嫩叶水分，使叶片变软，能抑制发酵，并保持原有的颜色，是绿茶加工的第一道工序。”他又接着问：“影视剧拍完为啥也叫杀青？”我想了片刻，还真回答不上来。他停下手里的活儿，详细解释道：“杀青的原意，与古代的书写有关，纸张没发明之前，文人的书稿先写在青竹表皮上，因为青皮光滑，字迹容易擦掉，可以反复修改，待定稿后把青皮刮去，露出竹白，再将字写上去，渗入后不易褪色，就能长期保存了，‘杀’字有削、刮的意思，后来就把著书定稿为杀青。现在的影视剧杀青，把这个意思借来，是指演员在镜头前的表演完毕，前期拍摄工作结束，开始进入后期制作阶段。”

我完全听明白了，不知他为啥熟知影视剧的拍摄？他指着门前的台阶，说成龙的电影《绝对逃亡》在这儿取过景，当时他看得清楚，也明白了电影里的“杀青”和茶叶的“杀青”根本不是一回事。我虽没看过这部电影，但不得不佩服成龙，能够选择这里做片场，说明他慧眼独具。

告别了小伙儿，从广场边沿二十几级台阶下来，路旁的小酒坊又让我们停下脚步。显然这是小型的家庭式作坊，让我奇怪的是，女人在蒸馏罐前忙碌，男人却趴在地上哄孩子，侗族人的家庭分工让人费解。酒坊建在百家宴的广场下面，我想，他们的生意一定差不了。

穿过一片油菜田地，我们走到林溪河边。河道弯成优美的弧度，木栏与黄花之间，一条平展的石板路，延伸到永济桥边。站在这里观赏，古桥全貌一览无余。两架巨大的水轮，慢悠悠地转动着，木斗装满河水，逐级提升上来，倾斜后注入渡槽，流到灌溉的田地里。我被眼前的情景迷住了，时而注视眼前的水车，时而眺望远处的永济桥，水天辽阔，万籁俱寂，这份久违的宁静，将会长久储藏在记忆之中……

离开程阳八寨，路旁广告牌上，印有“侗恋程阳”文字的宣传画。我知道，这是侗族人热爱家乡的心声，今日来此一游，难道不也是我们的同感吗?

程阳八寨，是我走过的最美的民族村寨，没有之一。

▶ 路旁的小酒坊里女人在蒸馏罐前忙碌，男人却趴在地上哄孩子

爱莲说

▲ 村口有一座石桥，原名大官桥，现在改为护龙桥

“出淤泥而不染，濯清涟而不妖”。古往今来，多少达官显贵、文人墨客、有识之士，将此作为人生信条；物换星移，大浪淘沙，不知又有几人恪守其志，洁身自好。江头村人做到了，毫不奇怪，因为他们是周敦颐的后代。

几乎忘了周敦颐是谁，来到江头村，我才联想起他的《爱莲说》。

江头村，距桂林市区30多公里，村子不大。一条小河从村旁流过，河面白亮如练，尽管清晨刚下了雨，依然清澈见底。这条河在漓江的上游，名叫护龙河，村口有一座石桥，原名大官桥，现在改为护龙桥。以前叫大官桥，因为是由村里第一个七品官周奉出资修建的，当时还是明代的万历十二年（1584）。我见桥体敦实坚固，问询桥边的村民，他详细解释道：石块相扣垒砌，没用任何灰浆，上桥4级台阶，是“出仕”的意思，下桥有7级台阶，寓意七品官员，桥拱顶端距离水面4米，暗示为官清廉公正，才能事事（四四）如意。我们听了啧啧称赞，一座小小石桥，竟然隐含如此高远的意境，周氏家族“爱莲精神”初见端倪。

江头村150多户，几乎全是周姓人家，《灵川县志》记载，他们是北宋著名理学家、文学家、哲学家周敦颐

▲ 周氏祠堂就建在村口，护龙桥的斜对面，堂堂正正，气度恢宏，守护着身后的世代子孙

▲ 祠内文渊楼正厅，挂置周敦颐画像，上方“爱莲堂”的匾额，竟然是周恩来手书

的后代，明代弘治年间，从湖南道州（今道县）迁徙至此，始祖周秀旺是周敦颐的第14代裔孙。受先辈“爱莲”情操的熏陶，周氏后人秉承清白做人、廉洁为官的高尚品德，培养出众多的国家栋梁之材，被誉为“爱莲家族”。

铺垫了这么多，我们赶紧游览古村，一边看一边再加深印象吧。

周氏祠堂就建在村口，护龙桥的斜对面，堂堂正正，气度恢宏，守护着身后的世代子孙。祠堂于清代光绪八年（1882）动工修建，6年后落成。青砖包墙硬山顶，六进五开间，两层结构，大门上方，悬挂黑色匾额，上书“爱莲祠堂”4个镏金大字，两侧挂有白底黑字对联：卅德乡举选，宗盟会法传。门庭大敞，游客可随便参观。祠内存有众多楹联，以及大量的碑刻、匾额，多为教育子弟牢记祖训、祖德。祠内文渊楼正厅，挂置周敦颐画像。

村前沿着护龙河，是一座长方形大池塘，早春时节，水面光光，残留的枯荷，“半塘摇落并残蒲”。不过，池塘两边的古树、老屋倒映水中，仿佛是一幅写意的国画，色彩斑斓，水墨淋漓，画家掷笔也刚刚离开。我喜欢拍摄荷花，附近公园里的荷花池，是我经常光顾

的场景，从盛夏花开，到冬雪覆盖，荷花的各种风姿，都会映入我的镜头。触景生情，900多年前的一幕，瞬间呈现在眼前：相传，北宋嘉祐八年（1063）五月，一群文朋诗友聚会，兴致高昂之时，大家互邀写诗作文，一篇119字的散文，周敦颐挥笔而就，一气呵成，《爱莲说》从此流传千古。

周敦颐认为，莲是花中君子，不慕名利，洁身自好。读过《爱莲说》的都懂得，作者借咏花而喻人，托物言志，对莲花之赞美，寄托的是对理想人格的追求。这种不与世俗同流合污的人生态度，深深感染和激励着周氏后人，并一代代传承下来。据史料记载，清代期间，全村科举出仕共168人，包括五品以上官员32人，六品10人，七品36人，其中67人受朝廷诰封，更有“一门两进士”“三代庶吉士”“四代四举人”“五代五知县”等出类拔萃之家。如此小小山村，创造出一个天大的奇迹，至今仍是广为盛传的佳话。让世人更为称赞的是，这些周氏的为官之辈，大多遵循先祖遗训，秉承“出淤泥而不染”的品德，不但清白廉洁，而且政绩不俗。如今，村里多户人家的门楣上，仍悬挂着诰封等匾

▼一排高大的房宇，临水而立，青砖灰瓦的罩面，端庄厚重，屋檐层叠，古朴典雅

额，就是爱莲品格延续不断的见证。

目前村内周氏家族的民居中，有100余座为明清和民国时期的建筑。站在村口，往池塘北侧看去，一排高大的房宇，临水而立，青砖灰瓦的罩面，端庄厚重，屋檐层叠，古朴典雅，应该是出仕人家的宅第吧。我们随即朝那个方向走去。

▲池塘西侧“举人路”路口，坐西朝东的“太史第”，是清代翰林院庶吉士周冠的故居

池塘西侧“举人路”路口，坐西朝东的“太史第”，是清代翰林院庶吉士周冠的故居（庶吉士，是明清两代翰林院内的短期职位，从科举考试中进士的人中选择担任，为皇帝的近臣，负责起草诏书、为皇帝讲解经籍等）。门楼开在侧面，朴实无华，门上悬挂的匾额，显然是当代制作的。周冠于咸丰庚申年（1860）中进士，历任国史馆编修、文渊阁校理等职，他博览群书，精通文学和经学，为“桂林十大才子”之一。光绪二十年（1894），慈禧做寿庆典，他撰写对联“顺太康宁雍然乾德嘉千古，治平熙静正是隆恩庆万年”，即可竖着念，也可横着读。此联今天看来，也是天赋之作，文采飞扬。

池塘北侧，坐北朝南，沿着尖硬的卵石路，是联排的“知州”“四代翰林”“德高望重”“进士”“知县”“奉政大夫”等宅第。可能屋内在修缮，或是我们进村稍早，所有的房门都紧闭着，不得进去参观，只能从匾额旁的说明上，解读主人们的“光荣业绩”：

“知州”，周履谦故居。清代乾隆四十五年（1780）经元举人，历任知县、知州、同知等职。任职期间，他为官清廉奉公，以“贪一文绝子灭孙，冤百姓男盗女娼”自律精神，致力传授农业技术，推广“烧灰粪田法”，大力减轻农民税役，造福于一方百姓。他殁于任所时，内无余帛，外无盈财，当地百姓感其恩德，将其灵柩从四川送回老家安葬，用“官民鱼水情深，功德永传青史”来评价他的功绩。

“四代翰林”，周履恒故居。清代乾隆五十七年

◀ 池塘北侧，坐北朝南，沿着尖硬的卵石路，是联排的“知州”“四代翰林”“德高望重”“进士”“知县”“奉政大夫”等宅第

（1792）科房荐，历任翰林院待诏、文史校对、知县等职。在任职岗位上吃苦耐劳，尽忠尽职，为官正派，廉洁自律，受人敬重。

“进士”，周绍刘故居。自幼聪颖好学，8岁考中案元（秀才第一名），未满12岁中举人，被誉为神童。先后担任过校勘、修编、知县、知府等职，诰授“奉政大夫”。相传，他那年考中案元后，父亲让他骑在肩膀上，主考官想试试他的才学，出了“子当父作马”上联，他随口应对“父望子成龙”，官考不禁拍手称赞。

“奉政大夫”，周履豫故居。曾任富阳县（今富阳区）知县，因勤政奉公，政绩突出，朝廷诏封他“奉政大夫”（从五品）。

先祖爱莲精神的滋润，显然是他们进取功名的源泉，我还在想，此外，再没有别的因素吗？河边洗涤衣物的农妇，给了我一个颇具传奇色彩的答案。她指着身旁的水井，说这是一口“聪明井”，水质清澈甘甜，周家后代喝了井里的水，变得聪明好学了，他们发愤读书，参加科举金榜题名，产生出一大批官员。说完，她狡黠一笑，露出信不信由你的神色。我也配合她，赶忙

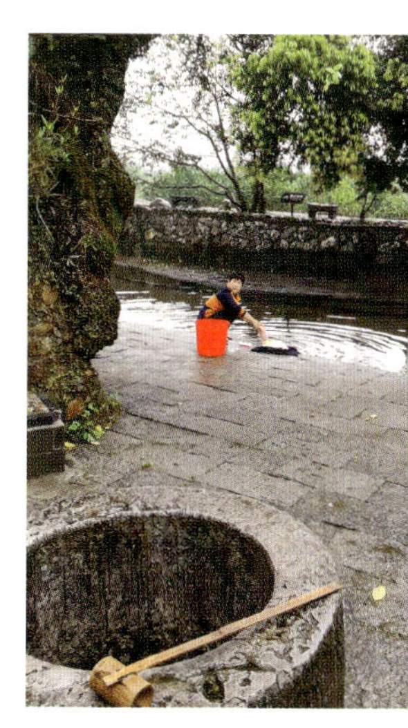

▲ 河边洗涤衣物的农妇指着身旁的水井，说这是一口“聪明井”，水质清澈甘甜

点头称是。

转身回来，我们从“举人路”往村子纵深走，探寻这个传奇家族更多的故事。

如今的江头村，仍然保持明清时期的完整格局，在当下日新月异的社会发展进程中，难能可贵。一条条或宽或窄的小巷，在房屋墙院间时现时隐，把整个村子连接起来。鹅卵石的路面，铺设出各种图案，在岁月脚步的磨砺下，早已变得平滑而光润。走在上面，你会出现时空错位的幻觉，只能跟着感觉向前迈步。古村的民居，多为清代和民国时期所建，风格却各异，不禁让你惊叹。青砖灰瓦，马头墙层叠，虽布满沧桑，仍不掩当时高超的砌筑水平。一面镬耳山墙，让我感到好奇，这种式样的封火墙，流行在广东的一些地方，据说在明清两代，只有出过高官的村落，才有资格在屋顶竖起镬耳山墙，我猜想，一定是江头村曾经有人官任广东某地，才将南粤风貌“移植”到家乡来。

▼横向小巷里，一户人家的院门敞开着，我们蹑手蹑脚走进去，院里有家人在翻腾物件。他是回老屋来取东西，等我们拍照完毕，才起身锁门离开

路过“监生”宅院，也是“铁将军”把门。明清两代，取得进入国子监读书资格的人，称为国子监生员，简称监生，可以直接参加乡试，中试后即为举人，可以去参加会试，即使会试不第，朝廷也能选拔做官。这位监生的前途如何，不得而知，但最起码继承了先祖耕读传家的传统。

横向小巷里，一户人家的院门敞开着，我们蹑手蹑脚走进去。正房屋檐下，挂着“文林郎”牌匾，上款“周迁佐”，下款“咸丰三年”。院里有家人在翻腾物件，我问他“文林郎”是啥意思？他说不是职官名，清代为正七品文官授的散官名，相当于享受“行政级别”的待遇。我见他面慈善谈，想到那些上了锁的老宅院，又问他：“全都没人住了吗？”对方解释道：“政府正在给在册的老建筑维修，各家是暂时搬出来。”是的，我刚才确实看到了“江头村古建筑群修缮工程项目部”的牌子挂在一户人家大门口，心里甚感欣慰。他说近期

村里在维修，乱糟糟的像个工地，也影响人们过来旅游，等到过些日子就好了。他是回老屋来取东西，等我们拍照完毕，才起身锁门离开。

▼ 一条条宽或窄的小巷，在房屋墙院间时现时隐，把整个村子连接起来。鹅卵石的路面，铺设出各种图案，在岁月脚步的磨砺下，早已变得平滑而光润

周氏家族的故事还在继续。旧时的绣楼，往往是指“大门不出，二门不迈”的小姐们的闺房，而江头村的“闺女绣楼”，则是周氏家族专为女孩儿设置的私塾，允许她们入学读书。在重男轻女的封建社会，这座独门独院的建筑，该是多么地另类，又是多么地耀眼夺目。站在绣楼的台阶下，我仿佛看到院内开满了莲花，格外地娇艳又惹人怜爱。由此我又想象，过去的那些岁月里，这座绣楼每日传出的琅琅书声，最动听的就是吟诵《爱莲说》吧。

绣楼前的空地上，一口传统的石壁古井，也被渲染上了莲花色彩。水井如今仍在使用，井口砌成方形，内壁为圆形，探身往井里看，水面呈现的倒影，外圆内方，颇似古代的铜钱，故名“金钱井”。据村民解释，“外圆”的寓意，是教人彼此友善，和睦相处，“内方”则是做人守住原则底线，规规矩矩，不要掉进钱眼里。外圆内方，不仅是道家倡导的传统法则，也是儒家中庸思想的处世之道，人的一切行为，要讲究合适的度，有方有圆，恰到好处，才能立于不败之地，进而事业有成，家庭和睦——站在古井边，低头俯瞰清澈的井水，我顿然想到了这么多，感觉自己的人生境界也得到了升华。

村内正在维修，游客寥寥无几，也少见村人的身影，四周悄然无声。漫步在这幽深的历史环境之中，吸吮名门望族的鲜活气息，怀古之情萦绕心头，挥之不去。《爱莲说》问世以来，莲花的德行品格，如洁身自好的君子，风度翩翩，高标傲世，过去和现在，以及久远的未来，将永远被喜欢它的人们所传颂。今天，我有幸造访江头古村，不仅是近身接触爱莲文化，更是一次净化灵魂的洗礼。当下物欲横流的大千世界，要想做一个真正的仁人君子，难之又难，我想，不妨用莲花品德自律自爱，不求其名，但求其志，也不枉为中华儿女。

回到村口，有游客陆续进来了，在池塘边拍照留影，水面映出他们俏丽的身影，晃动起一圈圈涟漪。护龙河外侧，古树参天，良田万顷，风景宜人。那位村民仍坐在桥头，他指着远山告诉我："那边有'笔架'和'官印'两个山峰，风水好，出清官。"我点着头，发自内心地笑了。

当晚回到宾馆，我打开手机，上网搜出《爱莲说》，重温这篇字字珠玑的妙文，读着读着，似有一阵芳香袭来，托我渐入了梦乡……

▼ 回到村口，有游客陆续进来了，在池塘边拍照留影，水面映出他们俏丽的身影，晃动起一圈圈涟漪

秦家大院

▲ 秦家大院院门简朴，甚至有些寒酸，宽度仅能供人通行，上方“文魁”“武魁”两块匾额，标有“恩科”字样

早在明代洪武年间，山东一位被贬的秦姓官员，千里跋涉，举家来到桂北的水源头村，见这里四周环山，林木茂盛，气候宜人，便决定安居下来。他们自称唐代名将秦琼的后人，在此依山筑房，开垦园田，繁衍生息，建造连片的大宅院，逐渐形成了规模，时至今日，人们还把这里称作“秦家大院”。

年轻时看《隋唐演义》，秦琼卖马的那段，印象最深，至今仍记忆犹新。所以，到了秦家大院门前，我下意识地往里张望：那匹黄骠马是否还在？院门简朴，甚至有些寒酸，宽度仅能供人通行，上方“文魁”“武魁”两块匾额，标有“恩科”字样。所谓恩科，据我所知，是科举制度的正科以外，皇帝特恩开科取士，可以赦免课赋，不知秦氏家族何人享此殊荣。门槛铺垫着木板，好像为手推车进出准备的。我们心里疑惑着，踩着木板走进院子，见地上堆放砖瓦沙石，两侧立起脚手架——原来，秦家大院正在整体翻修。

秦家大院背倚后笼山，依山势而建，颇有“步步高”之意。大门外有“导览图”，刚才进来之前，我们已经详细看过，对大院布局有了基本概念：总体为三

▲ 天井水池里，安装有自来水，堆放着几盆花草，虽然显得零乱，倒也趣味盎然

进三开，分成4大片宅院，彼此间隔2米，形成窄长的巷道，青石板路面，笔直幽深。目前虽然在大规模修缮，因为是分区域推进，没有全面铺开施工，仍能分辨出具体格局。

正对大门的，是尚待修缮的“魁星楼”，住户仍在正常生活。天井水池里，安装有自来水，堆放着几盆花草，虽然显得零乱，倒也趣味盎然。一位妇女在收拾食材，我向她问好，她爽快地回应，请我们坐下来休息。我关心老屋维修的事，因为各地古村落改造，资金筹集一直是个大问题，便问她是住户自己出资吗？她说上边拨的钱，“十一”前就能完工。我心里一爽，开玩笑地说：“再不用秦琼卖马了吧。”她愣了一下，随即也笑了。接着，她边干活边聊起院里的古建筑……

通过女户主人的描述，以及事先查阅的相关资料，我们开始在秦家大院游览。这是一个从想象到直观认知的过程，很有趣味。2016年行走古村落以来，每每出发之前，我的脑海便充满幻想和希冀，待实地亲眼所见，或欣喜，或震惊，更多的时候，却是失落——幻想很美好，现实很残酷。

清代康雍年间，秦氏先祖艰苦创业，勤俭持家，奠定了殷实的家业，大院内现存的建筑，多数始建于那个年代。待嘉庆二十二年（1817）全面竣工时，当时的户主秦之相，膝下5子，他便将房产分给这5个儿子。从地理方位看，大院坐西北朝东南，按风水学而论，避免南潮浸淫和北风直吹，冬暖夏凉；从建筑标准看，设计统一，材料规格一致，比如房基，均用青石方礅，达三四尺之高，往上用青砖砌筑；从建筑式样看，虽然施工跨度长，但式样统一，格调相同，房屋高大，檐角飞翘，间或有徽式防火墙，呈优雅的阶梯状，极富别样的韵律美；从建筑装饰看，以砖雕和石雕为主，窗棂、檐下、门柱、石礅等处，饰满雕刻图案，精细美观，其中“羊鸣四海”“挂印封侯”等，可以看出秦氏家族对尚武精神的追求。

4片宅院间，高墙直立，相对封闭，自成一方天地。每个宅院都有“宅号”，既有各自的雅致，又从整体上反映出一个大家族的精神风貌。依次走进去，让我们想起儿时住在大杂院时，到邻居家去串门的情景：

▶ 清代康雍年间，秦氏先祖艰苦创业，勤俭持家，奠定了殷实的家业，大院内现存的建筑，多数始建于那个年代

▶ “元亨利金”。即是“魁星楼”，贴壁式门楼，翘檐之下，篆刻着宅号

“元亨利金”即是“魁星楼”。我们刚才进去的院落，贴壁式门楼，翘檐之下，篆刻着宅号。我虽不懂其意，也心怀莫名的敬畏。这座康熙初年的建筑，三进式结构，前后两个天井，屋内木雕装饰，隔断屏风，单从工艺水平看，绝对是原来的老物件。始为户主长子的宅院，其孙清同治三年（1864）中举，曾任钦州知府。

“户拱三星”即是“东花厅”，虽与“魁星楼”相邻，却建于嘉庆二十二年（1817），为户主四子所有，其本人为贡生，3个儿子分别为武庠生、邑庠生。宽敞的大厅内，有“世德作求”匾额，为宅院竣工时，由县教谕祝贺落成而赠。厅内立柱上，残留着“日临庭上起祥光”字样的对联，板墙上挂着竹篮，好像主人刚刚离开。也是巧了，此时，透过幽暗的甬道，我瞥见一位老者，弯着腰，倒背着双手，沿阶梯走向阳光——没来得及多想，我便按下手中相机的快门。

“紫气东来”在院门的右侧，又名“西花厅”，相连的“永振家声”，也在这个建筑群内，均为长子所有，当时由其儿孙居住。这两座建筑毁损严重，目前正在翻修，间壁和屋顶已拆除，厅堂堆积大量的砖木材料，穿梭着工人的身影。

▲ 透过幽暗的甬道，我瞥见一位老者，弯着腰，倒背着双手，沿阶梯走向阳光

▲ 秦家大院为长方形，两条纵向的巷道，沿山势逐阶升高，每段阶梯都建有门楼，别有洞天的视觉效果

“绳其松茂”紧邻“永振家声”，又名“爱日堂”，为横屋款式，属三子所有，其本人为邑庠生，其子为从九品。大门紧闭，估计里面也要准备维修。

秦家大院为长方形，两条纵向的巷道，沿山势逐阶升高，每段阶梯都建有门楼，别有洞天的视觉效果。巷道名“康熙路”“乾隆路”，我以为是后人所起的，看了巷口标牌才恍然：康熙路确实建于康熙初年，到了嘉庆十三年（1808），因秦氏后代有人中武状元，经嘉庆皇帝恩准，将此路重新镶边并命名。至于乾隆路，由于没有相关说明，不得而知。沿康熙路向里走，从魁星楼后面的拱门进去，即是“秦家祠堂”了，嘉庆二十二年所建，应该是院里最后竣工的建筑。由于正在维修，精美的门楼里，厅堂堆满建筑材料，木雕、石雕等饰物构件，依然保留在原处。相邻的是零乱的戏院，不知是在翻修还是复建。

来到巷道尽头，又是一座宅院——“朗照乾坤”，又名“爱月堂”，为户主次子的宅第，里面也正在维修。院外的戏台“辉映古门”，咸丰年间被太平军烧毁，仅存墙基和门柱石基。

大院的西北角，是“本固枝荣”，又名“瑞霭楼”，为五子的宅第，本人邑庠生，其子为国学生。房屋主体是重建的，但门楼仍为原貌，与其他宅院保持一致。与其相邻的，则是秦家大院的

“祖屋”：“吉昌阁”和“德裕楼”。其中的德裕楼，为纪念秦氏始祖而得名，虽为清初所建，却是在明代基础上重建的，梁柱、门窗木雕装饰简单明了，一看便知是明代民居的基本特征。因为正在整体翻修，被脚手架层层包围，无法窥视内部原本面貌。

穿行在这“废墟”般的建筑群里，如果细心观察，你还会发现，正在修缮的房屋内，几乎所有的梁柱，包括雕花门窗及板壁等，都没有丝毫的移动，全部保留着原始面貌。我想，待整个大院修缮完毕后，一座清代古宅建筑群将重见天日，展示在世人面前的，岂止是一个秦氏家族的前世今生，更是中华民族生生不息的真实写照。

最后还要说说秦氏人家。据秦氏族谱记载，秦氏家族已在此居住13代之久，明清两代，秦家学风鼎盛，人才辈出，先后通过科举考试出武状元1人、文科进士20名、举人数十位，享有“进士村”之美誉。

稍感遗憾的是这次旅程没有欣赏到秦家大院的全貌，但我用相机记录下它的维修过程，也是此行的偏得。以后，如能旧地重游，拿着照片逐一对比，想来也是挺有意思的回忆。

▼ 德裕楼，为纪念秦氏始祖而得名，正在整体翻修，脚手架层层包围，无法窥视内部原本面貌

漓江侧畔大圩镇

▲ 大圩毗邻漓江，镇前是大广场，中间停车位，四周的建筑，完全是乡间集市的热闹场所

2007年的“五一”，我们带女儿到广西游玩。当时最开心的是坐船游漓江，从桂林出发，顺流而下，直达阳朔。两岸雾霭氤氲，秀峰兀立，风景宛如画卷，让我从水上领略到“桂林山水甲天下，阳朔山水甲桂林”的美妙。此次广西古村落之行，我们也是从桂林出发，驾车沿漓江南下去大圩古镇，感受喀斯特地貌的奇异，也是一段让人永久难忘的旅程。

大圩毗邻漓江，镇前是大广场，中间停车位，四周的建筑，有关帝庙和大圩博物馆，还有商铺、饭店和游客服务中心等，完全是乡间集市的热闹场所。史料记载，早在明清时代，这里还真是繁华的商贸集市。圩，本意就是集市，如此说来，大圩镇的历史还要更早。

北宋初年，大圩就已建镇，并设税官管理，初露商贸端倪。静如深潭的漓江，作为交通枢纽，上至湖南，下达广州，大圩随之发展为商品集散之地。据说民国时期，赶集的人多达万余，码头泊船二三百条，车水马龙，买卖兴旺，大圩镇也因此得名，为广西当时的“四大圩镇”之首。

大圩的热闹之处，集中在漓江边上的老街，至今仍是古镇的主要商街。老街是一条长街，建于古镇商贸鼎盛的民国期间，由首尾相连的8条街连接而成，顺江绵延2公里，是全镇线路最长保存最完整的古街。

从停车场进来，径直走到江边，往左这段，是老街的鼓楼街，因以前有报时鼓楼而得名。街首对着的码头，也就叫成了“鼓楼码头”，是镇内最大的码头。古镇江岸长，码头也多，历史上先后建有13个，如今已无航运功能，全部改用捕鱼和游江，船只在此停泊和营运。这些大大小小的码头，顺江排列，错落有致，多用石料堆砌，有的用水泥抹成平台，长10米左右，一直延伸至江中，就像给老街缀上一串串银链。鼓楼码头的对岸，是毛洲岛，晨雾笼罩，神秘莫测，很多人在此排队等候，乘坐竹筏或游船过去游览。

▼“鼓楼码头”，是镇内最大的码头。古镇江岸长，码头也多，历史上先后建有13个，如今已无航运功能，全部改用捕鱼和游江，船只在此停泊和营运

我们无意游江，正要转身离开，被岸边巨石上刻着的诗文吸引，走上前去阅看：“大圩江上芦田寺，百尺深潭万竹围。柳店积薪晨爨后，僮人荷叶裹盐归。”以前翻阅明史时，我看到过这个作者，姓解名缙，明代的大臣、文学家，曾主持编纂《永乐大典》，明代的三大才子之一。我猜想，他一定来过这里，否则不会描绘得如此细腻和具体，也替我们后人见证了大圩的原始面貌。

我们离开码头，沿鼓楼街向东，往漓江下游走，一路欣赏古韵犹存的大圩历史风貌。

鼓楼街宽约2米，青石板铺设，200多米长的街面，几乎集中了全镇所有商铺，几百年沧海桑田，仍然保持古代商街的面貌。如果非让我描述，基本有这样几方面特征：一是房屋式样，老街两边的建筑，鳞次栉比，几乎都是木结构小楼，上下双层，商住一体。临街是铺面，门板门脸，白天完全敞开，货品一目了然。二是门面装饰，大红灯笼，杏花旗幌，木制匾额，看不到霓虹灯闪烁，也没现代的灯箱广告。三是商铺字号，“聚古轩”“古龙堂”“乾元堂”“古玩阁”“黄记土货铺”“刘万元”……不用多问，都是传统老店铺，其中的“刘万元”，清代中期开设的杂货栈，一直经营粮食、种子、食盐，原貌保存得好，曾是多部影视剧的片场。四是商品种类，多是当地土特产品，其中酿酒和酱菜，是大圩的两大“名牌”。早在明代，古镇就已酿造土米酒，从28度到55度不等，口感纯正，醉不上头，人们至今赞不绝口。“张生记酒坊”，就是明代景泰年间开办的，其铺面仍是原址。至于酱菜，沿街可看到多家铺面，“陈记纯手工剁椒酱菜”“秦式秘制酱菜”“王氏酱菜”“李记老街秘制酱料”等，除了在本镇销售，还是桂林几大酱菜的生产基地。

▼ 万寿宫始建于明代万历年间，门前两根朱漆立柱，上面盘旋两条雕龙，活灵活现，刚柔相济

如果走累了，在街边找个摊

▲ 鼓楼街宽约2米，青石板铺设，几百年沧海桑田，仍然保持古代商街的面貌

▲ 广昌布行，原是古镇四大家之一的商铺和住宅，主要经营绫罗绸缎和其他布料，也是当年镇上最大的民宅

位坐下来，欣赏漓江美景，尽享古镇美食：灵川狗肉，漓江清水鱼，三街糍粑，白果炖老鸭，炒田螺，手工凉粉……这些百年老号的招牌菜，没等入口品尝，就已经让你看花了眼。

除了这些老商铺，鼓楼街上几座高大的古建筑，代表着古镇商业文化的多重性，是大圩集市曾经繁荣的根基，也是如今鼓楼街必需的旅游打卡点。

万寿宫，始建于明代万历年间，民国时期遭到严重破坏，江西商人将其改建为会馆，1999年镇内百姓募捐重建时，出土一尊汉白玉观音像，供奉为镇宫之宝。门前两根朱漆立柱，上面盘旋两条雕龙，活灵活现，刚柔相济。两侧的楹联“道法禅机论人生，风生水起谈运程”，直白通俗，显然是出自当代人士之手。据说里面保存大量文物，包括清代的石碑等。这座仿古建筑，外观修饰得协调，如门窗、屋檐等处的雕塑，如同用原物拼上去的。

广昌布行，原是古镇四大家之一的商铺和住宅，主要经营绫罗绸缎和其他布料，也是当年镇上最大的民宅，因主人姓高，所以也叫高家大院。正面粉墙上，残留过去年代的各种印迹，似乎与檐下镶嵌的木雕相呼应，共同印证着历史的无奈和沧桑。大门两侧的砖刻对联，书法及工艺，均属上乘之作，读起来颇为有趣：“珊瑚架映鲛绡艳，翡翠橱开凤锦斑”。意

福
香市廟

◀ 汉王庙正面整体是木构件，条格窗棂，素雅庄重，中间是石牌楼，两根雕龙石柱，具有王家威势

思是像珊瑚样的布架上，各种精美布匹交相辉映；打开翡翠般的橱柜，布匹如凤凰锦鸡般艳丽。如今这座建筑，被镇内一位人士买去，开设为文物陈列馆，大门敞开着，可随便进去参观。我们走进正堂，又有一副对联：庭小有竹春常在，山静无人水自流。横批：诗礼传家。往里再走，三开四进格局，装饰素朴，意境确实幽雅。天井、水池，掩映着几间庭院，明暗交错，柳暗花明。馆主儒雅健谈，带我们参观并讲解，还频频拱手致谢。

汉王庙，由较早迁居大圩的刘姓人家修建，他们尊奉汉朝开国皇帝刘邦为祖先。三层楼的建筑，正面整体是木构件，条格窗棂，素雅庄重，中间是石牌楼，两根雕龙石柱，具有王家威势。“汉王庙”匾额，不知何时被人凿毁，只遗留“庙”字，好在下面的“国泰民安”完整无缺。镇里人告诉我们，每年的端午节，大圩镇传统的漓江龙舟赛，都要在这里举行隆重的起船仪式。

鼓楼街的尽头，是“狮子头世家”，临街的两开门房，挂置“舞狮坊”和“一点墨”牌匾。女主人站在门里，满面慈祥，笑容可掬，和她攀谈得知，“舞狮坊”是他们周家的纸塑狮子头作坊，从清代康熙年间开始，现已传承至第九代。狮子头借鉴戏曲脸谱，有红、黄、黑等多种颜色，眼帘和嘴巴都能动，有制模、包边、绘画、上油、挥金、装饰等十几道工序，被列入该县非物质文化遗产名录。至于“一点墨”，她没有解释，我猜想，应该是主人的谦逊之语，因为两侧楹联的撰文，已经揭示出主人的志向：学浅书拙常描红探索九州望有进，室陋案窄乱涂鸦耕耘古镇不图名。

◀ 鼓楼街的尽头，是“狮子头世家”，女主人站在门里，满面慈祥，笑容可掬

往前再走几步，就到了万寿桥。看了镇内诸多古建筑，我还是最喜欢这座桥，听听桥名的由来，就让人心里暖暖的。此桥原为明代建的木桥，清代光绪二十五年（1899），因桥毁而重建，半途又因银两短缺而停工。当时的漓江航运税务总管，名叫周寿山，他巡察到此，了解情况后予以帮助解决。为铭记他的恩德，乡民取其名字中的“寿”，与附近万福桥的“万”组合，故名万寿桥。万寿桥为单孔拱形石桥，虽是清代所建，明显传承了明代特征：简洁明快，稳健实用。桥身用石块砌筑，桥面青石板铺嵌，护栏则是圆弧石磡，两侧上下桥，20余级的台阶，与桥面等宽，早已磨成圆滑状，凸凹不平，双脚踏上去，却坚固如初。四角雕有石狮，因历史变迁已面目皆非，整体造型仍然美观。马河从桥下流过，汇入不远处的漓江，电影《刘三姐》中，她和阿牛划小船横穿漓江，就是在这座桥下情定终身。站在桥上，欣赏漓江及对岸的山峦，你会有些恍惚：今春看又过，何日是归年……

过了万寿桥，往东连接的是泗瀛街，路面变成鹅卵石，民居也多了起来。老街的两边，百年以上的老屋，门窗陈旧，墙壁斑驳，有的表层已经剥落，袒露着墙体，却不见有翻新重建的，仍然恪尽职守。百姓据此安居乐业，或开设店铺，或居家生活，大红的灯笼，喜庆的对联，延续几百年的生活气息，给人以温暖和真实的感觉。最让人羡慕的民居，是沿江的宅院，多为三进或四进。临街的门房，一般用作铺面，自家经营或外租，往里走是天井，采光聚水，天井连着正房，也是宽敞的客厅，两侧厢房用于居住，正房后面是院落，从后门出去就是江边，洗涤用水非常便利，有情调的人家，还筑起石阶，便于小船停靠。站在街边屋檐下，我喃喃自语：“蛰居在此，真是赛过神仙。”同伴不屑一顾：“让你来住，不出一周就烦了，信不？”

是呀，我们已经离不开喧嚣的世界了，不知是喜，还是悲。

▶ 万寿桥为单孔拱形石桥，虽是清代所建，明显传承了明代特征：简捷明快，稳健实用

应该是为了防火，泗瀛街上建有两座拱门，高于两侧房顶，相当于隔火墙。第一座是“太平门”，正面门楣上是隶书体的“瑞霭瀛洲”，瑞霭，为吉祥的云气，而瀛洲，是崇明岛的古称，大圩人篆刻于此，寓意不言自明。再走一段，是“永安门”，门楣的“泗水钟祥”4个字，我猜不出其意，查不到典出何处。

回到鼓楼码头，往鼓楼街西面望去，兀立一幢三层的仿古建筑，门窗却为西式，墙面彩绘“美丽牌香烟”“五子乐”等戏目海报。雕花门楼之上，刻着“中华银行”，大门关闭，玻璃落满灰尘，估计已荒废多时，难以猜测为何种用途的大楼。古镇的门户之处，建造如此不堪入目的建筑，不伦不类，更让外来人莫名其妙，我甚至都没把它完整拍摄下来。鼓楼街往西延伸，依次是塘坊街、兴隆街、隆安街、地灵街、老圩街，路面狭窄，店铺萧条，几乎看不到人影，我们只好作罢，不再往前游览了。

▲ 日后回忆起来，米酒沉淀的滋味会更浓烈——那就到那时候再享受吧

至此，大圩一游便结束了。这几年，古村镇走得多了，思维难免有些麻木，此时，我想不出再说点什么。也许，日后回忆起来，米酒沉淀的滋味会更浓烈——那就到那时候再享受吧。

接下来，我们将沿着漓江，继续顺流南下，前方的阳朔古城，也是我的重游之地，那儿的西街，灯火还是彻夜不眠吗?

再游黄姚

▼ 溪水潋滟，奇峰倒映，几株高大的榕树，盘虬卧龙，遮天蔽日，典型的喀斯特地貌景象，裁剪得浑然天成，不着一丝人工雕琢痕迹

我切身感觉到，近两年，随着国家层面的高度重视，基层财力的不断增强，古村落的维护和修复，开始呈现喜人的势头。很多地方，或由政府资金补贴，或进行市场化运作，或由乡民主动作为，一座座古老的村落修葺一新，开始逐渐重现原始的风貌。但受诸多因素影响，良莠不齐，诸多问题普遍存在，有的甚至把古村落当作巨型商品，背离了修旧如旧的初衷。回顾我所走过的历程，目前全国范围内古村落复原改造的经典，非黄姚古镇莫属。因为，这是我亲眼所见暨对比后的直观感受。

还是2007年，我来广西时路过黄姚古镇，当然要进去看一看。记得当时，除了对尚存众多古建筑感到震惊，也为其颓壁断垣的状况而惋惜和痛心。似乎就在那时，我对古村落产生了兴趣，开始关注它们的命运沧桑。神州大地，漫漫长路，退休后我便立刻踏上了探寻之旅……

这次来黄姚古镇的路上，我没抱太多幻想，按照既定计划，拍摄照片、收集素材、加深感官印象而已。到了镇门前，一眼就看到了古戏台，这座明代嘉靖三年（1524）的建筑，十几年过去，容颜依旧，就连台面的石基木柱，也任其红漆剥落，不肯融入时下的日新月异，很让我佩服它的旺盛生命力。据说，古戏台仍在使用，每逢节庆，镇里的娱乐活动都在这里举行。

近年修建的镇门，简朴得近乎寒酸，只能供行人出入。待我们走进去，眼前豁然开朗：溪水潋滟，奇峰倒映，几株高大的榕树，盘虬卧龙，遮天蔽日，典型的喀斯特地貌景象，裁剪得浑然天成，不着一丝人工雕琢痕迹。我立刻意识到：古镇应该今非昔比、旧貌换新颜了吧！

黄姚地处漓江下游，始建于宋代的开宝年间，是一座具有千年历史的文化古镇。明末清初，繁荣达到鼎盛，尚存的300多间岭南风格民居，全部为这个时期所建。相比之下，大自然繁衍的生物，则地久天长，成为古镇历史的见证。且看眼前的两株古榕树“龙爪榕”，树龄

▲ 佐龙亭内还藏“佐龙寺”，一间小小的庙宇，里面供奉土地公婆

850多年，下垂的枝干形似龙爪，200多年前就已枯萎，表面被寄生藤所缭绕，郁郁葱葱得神奇；“龙门榕”，枝干弯曲酷似龙门，树龄也超过800多年。两株榕树多像两位巨型的耄耋老人，守护着它们心目中保持着初始状态的家园。

两株“龙榕”之间，一座单孔石拱桥，名为佐龙桥，桥面建重檐歇山顶四角小亭，名为佐龙亭，清代乾隆二年（1737）修建时，显然均取“辅佐”之意。亭内还藏“佐龙寺”，一间小小的庙宇，里面供奉土地公婆，寺联“佐起文明新运会，龙扶博厚铁山河”。亭内还有清代光绪戊申年（1908）的牌匾“惟尔有神”，前面柱联“八景钟灵玉鲤化龙曾现迹，双桥巩固珠江夜月著文明”，左侧柱联“此地有碧流黄石，其间皆翠绕珠围”。

面对眼前这一切，我实在想不起上次来时的景象，也许是印象不深，也许重新修建的。我仔细观察，古榕不假，但石桥、小亭、牌匾，绝对不是“赝品”——我一时迷惑不解了。

往镇里走，有两条游览路线供选择：陆路从佐龙亭

▲ 两株“龙榕”之间，一座单孔石拱桥，名为佐龙桥，桥面建重檐歇山顶四角小亭，名为佐龙亭

穿过，水路从石跳桥跳过。所谓水路，是旁边溪水上的“桥”，31块石礅，以人的步伐间距排列水中，从上面过去，还真得跳着走才行。水波荡漾，看着就眼晕，我们只好选择陆路。

黄姚依山傍水，四周奇峰环抱，平地而起，壁立万仞。姚江、小珠江、兴宁河，3条小溪交汇，将全镇隔成3个区域，通过诸多石桥、寨墙、门楼连接，形成一个庞大的明清建筑群。

过了佐龙亭，迎面“亦孔之固”门楼，应该是古镇原来的入门了——我忽然有了印象。

“亦孔之固”，黄姚众多门楼的典型代表，高6米，宽4米，两层结构，上层可供站岗守望，有瞭望孔和枪眼，下面是通行的门洞。“亦孔之固”，语出《诗经·天保》，虽一孔之大，却一夫当关，固若金汤。光绪年间重修此门时，由古镇书法家书写的门额，两侧门联为“珠水横襟无限碧，武峰隔岸有余青”。门楼完整无损，旧貌依然，肯定是经过修缮，我仔细观看，工艺和施工精心，丝毫看不出修补的痕迹。

从“亦孔之固”进去，就是安乐街，眼前亦真亦幻的景象，又让我目瞪口呆了，完全不见十几年前的破败不堪，恍惚来到明清时代的老街。沿街密布的老屋，青砖黛瓦，旧貌统一，没有任何仿古或新建的痕迹，更看不到新旧混杂的不和谐，就连脚下的街路，也修整得坚

◀“亦孔之固”，黄姚众多门楼的典型代表，上层站岗守望，有瞭望孔和枪眼，下面是通行的门洞

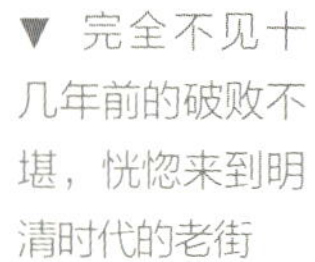

▼ 完全不见十几年前的破败不堪，恍惚来到明清时代的老街

固如初，呈现出历史的沉甸甸厚重。

镇内现有8条石板街，这条原为清代顺治年间铺砌的，黑色的石板，早已光滑如镜。康乾时期，这里就是热闹的商街，如今恢复了当年的繁华，商铺、饭店、客栈，全都传统风格装饰，店名却起得很现代：“壹玖吧”“金德庄酒屋”“阿姚的房子”“姐姐私房菜”……就连高士奇当年的寓所，也改造为“五星体验感客栈”——一反其他古镇的复古做法，别说，看了感觉特爽。走到这些店铺门前，人们都不由自主停下来，驻足欣赏片刻。徜徉在如此格调的老街上，你尽可闲庭信步，享受其乐，不必担心无聊和乏味，每所古建筑的背后，似乎都有传奇故事可述，如果能了解详情，我想都会长久留在记忆中。

古镇现存的寺观庙祠，数量众多，一边观看一

▲ 走到这些店铺门前，人们都不由自主停下来，驻足欣赏片刻

边比较，以下几座印象最深，除了传说美好动人，还有诸多楹联可欣赏玩味。

回过头先说宝珠观，在古镇入口处，佐龙寺的旁边，道、佛合一的寺观，建于宝珠山旁而得名，始建于明代嘉靖三年（1524），清代乾隆九年（1744）和光绪二十年（1894）两度重修，现存大殿、门厅、厢房、回廊等，雕梁画栋，琉璃瓦盖，门前有一对石狮镇守。

安乐寺，在刚才走过的安乐街上。明代某些年间，当地土人常来抢掠钱财，知府派千户李道清率兵予以讨平。万历二十六年（1598），百姓集资修建了这座寺庙，起名安乐寺，纪念平乱有功的官兵。寺庙不大，里面立有李道清神像，保佑古镇民众安居乐业。我们从门前走过，看到寺内烟火缭绕，香气袭人。

见龙寺，也是一座微型小庙，紧贴石壁，建于清代初期。传说远古时候，有一条神龙降临黄姚，人们为了把它留住，以保古镇风调雨顺、四季平安，修建了这座寺庙，供奉龙王爷，人们可常来“见龙”祭祀。寺庙为单座式，砖石结构，中间是祀台，两旁建有牌坊。祠址下边有一口古井，据说神龙洗澡后潜入土中，当地人掘土寻龙，掘出了这口井，便称龙泉井。寺外建一小亭，4根石柱上，分别撰有楹联，中联“见隐显微一甲咸蒙保障，龙盘虎踞千秋共仰英灵”，前联“开拓四壁凭看石，闲对中流为听泉”，左联“坐久不知红日到，闲来偏笑白云忙”，右联“画意诗情山色里，天光云影水声中”，四周景致全都纳入其中，又别有世外之人的闲散情趣。

兴宁庙，在古镇的东侧，靠近镇中心位置，明代万历年间始建，

◀ 兴宁庙，明代万历年间始建，清代乾隆二十年（1755）重修时，又增加一亭一桥，亭叫真武亭，与庙门相连，桥叫护龙桥，横卧庙前蜿蜒流过的姚河上

清代乾隆二十年（1755）重修时，又增加一亭一桥，亭叫真武亭，与庙门相连，桥叫护龙桥，横卧庙前蜿蜒流过的姚河上。碧水如镜，老屋、翠竹、奇石、山峰，倒映水面，构成一幅无以描绘的图画。

兴宁庙青砖墙，琉璃瓦盖，供奉道教护卫神真武大帝，庙门被真武亭遮蔽，合为一个整体。此处是古镇风景最美之处，历代诗家也多有题咏。庙门旁的两副对联，分别是“帝阙万年垂保障，仙山千古仰声灵”“山峙水停鱼鼓浪，春华秋实鸟争鸣”，所题之人有名有姓；真武亭柱上的对联“别有天洞藏世界，更无胜地赛仙山”，为清代举人林作揖撰写。悬挂亭子正中的匾额“且坐吃茶”，号称黄姚第一名匾，已被收录入《中华名匾》，联文味读起来，颇有禅意——天下间所有事情都是小事，唯有坐下悠闲吃茶才是大事。我们过来时，亭内几个乡民在打牌，不吵不嚷，神情惬意，想必刚刚喝过茶吧。

说到喝茶，古镇必有甘泉，看看“仙人古井”便可知晓。古井本是一眼泉水，凿于明代万历年间，得名来自“七仙女嬉戏古井”的传说，具体故事内容已失传，只能以“仙人古井”记之。泉水常年涌出，清澈甘甜，井面是5个水池，分工明确：先入饮用池，然后依次洗菜、洗衣、洗农具等，最后汇入河中。游客纷纷在此拍照，还拿着水瓶，灌入泉水品尝，正在洗菜的乡民，不但没烦恼生怨，反而给大家提供方便。

黄姚的民居建筑，多是两层的砖瓦结构，少有豪华宅院，却春兰秋菊，各有千秋。纵观全镇整体布局，体现出两大特点。一是防御意识鲜明。古镇的居民，基本是明末清初时期因躲避战乱或经商等

◀ 碧水如镜，老屋、翠竹、奇石、山峰，倒映水面，构成一幅无以描绘的图画

◀ 天下间所有事情都是小事，唯有坐下悠闲吃茶才是大事，亭内几个乡民在打牌，不吵不嚷，神情惬意

▶ 除了“亦孔之固”门楼，我们还找到了另外几座，造型各异

迁来的移民，后来又以经商为主，普遍是殷实人家，除了自家宅院造得坚固安全，也特别注重公共设施建筑。现存的7座门楼，全都建在镇内主要关口，兼备守护和防御功能，形成若干自成安全体系的建筑群。除了“亦孔之固”门楼，我们还找到了另外几座，造型各异，匾联却相同，而且字体统一：

升平门，横在迎秀街尽头，青砖砌筑，两层结构，上层有平台和瞭望孔，门洞仅供行人通行，匾额下面，镶嵌一副楹联：升恒有象天街胜，平正无偏道路遵。

永安门，建在古镇中心地带，门外是姚江。江畔有一株斜卧的古榕，状若睡仙，故称“睡仙榕”，有500多岁，旁边还有一株古榕，生长石缝中，称为“石上榕”，据说是千年古榕。永安门内，就是商业繁华的安乐街，门洞两侧同样有楹联：永作中流砥柱，安康盛世机关。

守望楼，古镇东南面的门楼，建在道路中间，上下两层，设有瞭望及射击孔，一侧是山体，一侧临水，易守难攻。楹联为：守备总添刁斗净，望尔还慰树人情。

东门楼，在中兴街路中间，历史上进出黄姚的门户，也是古镇防御功能最强、保存最完整的门楼。建于清代初年，乾隆二年（1737）重修，同样也是两层，上层用来守望站岗。清代时期，黄姚是湘西、桂北出海通道上的名镇，大门两侧的对联，描绘出古镇的地理优势和门楼的雄伟气势：“川达三江直绕遇珠海姚海雄吞西城，楼成五凤特耸出螺峰文峡关键东门”。

新兴街门楼，位于见龙桥边，门内即是新兴街。两层的门楼，建在几级台阶之上，旁边又有古镇第一楼相衬，不但气势非凡，楹联也文采飞扬：山骨水液有余秀，清风明月无尽藏。下方各嵌一方碑记，均为清代所立，字迹模糊难辨。

古镇布局特点之二：民居围绕祠堂而建。古镇有八大姓氏，若干家族祠堂，同姓民居多以祠堂为中心修建，并向四周扩散，最为典型是郭家大院。

▲ 郭家大院，在镇西南角的龙畔街上，紧邻郭氏宗祠

郭家大院，在镇西南角的龙畔街上，紧邻郭氏宗祠。祠堂规模不大，风格简朴，山墙却建得独特，是流行于广东一带的镬耳墙，据说在明清两代，只有出过高官的人家，才有资格修建这样的封火墙。如此说来，郭氏宗祠理所当然可以修建，其祖先是唐代的名将郭子仪！“郭氏宗祠”匾额，两侧是“汾阳世胄，点颔家声”楹联，红底黑字，格外醒目。祠堂门前摆满货摊，并不影响周围的景致，背山面水，古树环绕，即使不懂风水的人，站在这里也会心旷神怡。旁边的郭家大院，建于清代乾隆四年（1739），典型的平地

庭院式建筑，坐西北，面东南，四周高墙，房屋百间，很多都改作卖纪念品的小店。两道圆形的拱门，把整个院子连成一体，显示出主人的雅致情调。

这条龙畔街的尽头，还有一座有名的古建筑，为清代所建的“司马第”。司马是古代官职名称，有史料记载，这户人家的先祖曾当过明代的“司马”，即府州通判，司马第便一直由后代传承下来。这座宅院地势为递进式，门下的9级石阶，寓意步步高升，门前一对石鼓，历经岁月仍保持完整。我们没有进去，默默地站在门前：沧海桑田，物是人非。

“面貌一新”的古镇，完全看不到十几年前的印迹，但我还是有些不甘心，使劲回忆当年留下的那唯一

◀ 在新兴街东面小珠江上，我终于看到了它——带龙桥。就像久别重逢的老朋友，我围着它转来转去，一边看一边啧啧连声赞叹

的记忆，在新兴街东面小珠江上，我终于看到了它——带龙桥。就像久别重逢的老朋友，我围着它转来转去，一边看一边啧啧连声赞叹：“没变，还是原来的模样！”古镇现存古桥15座，最大的就是这座带龙桥，它始建于明代万历四年（1576），清代乾隆二十三年（1758）重修，至今依然完整如初，没有任何修补和加固，我想，首先是因为建桥之初，设计科学合理，施工严谨精细，其次是缘于一代代古镇人对它的珍惜和保护。

带龙桥由两个桥拱组成，一大一小，也叫“旱拱”“水拱”。平时从“水拱”流水，洪水期间，“旱拱”可起到分流作用。桥体以青石块垒砌，不着任何黏合剂，桥面用厚石板铺设，形成上下阶梯，并用铁铆连锁，与桥身连成坚固整体。走在桥上你会发现，石阶之间，又添加了一级小台阶，由于降低了高度，老年人行走会更容易一些。

▲ 黄姚特有的黑豆，仙人古井的泉水，古老独特的工艺，精制成的豆豉，颗粒均匀，乌黑发亮，纯天然的调味佳品

除了古人造桥技术令今人汗颜，古桥的审美情趣更值得赞赏：半月形的拱桥，倒映水面上，呈现出一个完美的圆，桥边怪石嶙峋，巨树遮蔽，把古桥身姿衬托得更为灵秀。如果再扩展视野，你还会看到，带龙桥之美，还在于与周围喀斯特地貌的融合，山峰、碧水、古树、石桥，浑然天成，组合为一体，和谐共存。对了，还忘了交代，作为黄姚古镇景致的标志，2016年我国发行的古镇邮票就是以它为蓝本设计的。

古镇留下的丰富遗产，当然少不了美食，品种繁多，满镇飘香，其中最有名的是豆豉。黄姚特有的黑豆，仙人古井的泉水，古老独特的工艺，精制成的豆豉，颗粒均匀，乌黑发亮，纯天然的调味佳品，清代乾隆时期，一度成为朝廷的贡品。当地许多菜肴都与豆豉有关，比如豆豉蒸鱼、豆豉排骨等。中午，我们在“味道爽”小店就餐，特意点了一份豆豉蒸鱼，味道不同一般。古镇今天的巨变，从迈进古镇第一步开始，就让我惊叹不已，随着脚步的深入，我由惊叹而欣喜，又觉得不可思议：黄姚为什么能做得如此之好？趁着品尝美食之暇，我向女店主问询了解。店主是黄姚当地人，古镇的恢复改造过程，她从头到尾都经历了，而且积极参与，受益至今。通过她的娓娓道来，我基本得知，古镇的变化开始于2008年：当时，黄姚所在的贺州市制定了《黄姚国家历史文化名镇保护规划》，广西壮族自治区批复同意后，并要求按照《中华人民共和国城乡规划法》《中华人民共和国文物保护法》和《国家历史文化名城名镇名村条例》，综合考虑人文和自然景观，并与镇外周边环境相协调，以修旧如旧的原则，对残破的古建筑要妥善修整，尽量恢复原始面貌，对重点文物要设立保护标志，落实各项保护措施，要兼顾商家和住户的利益，提高镇内全体人员的责任意识，因为，镇内80%以上是原住民，热爱家园，责无旁贷……所以，“广西第一古镇”，如今名副其实。

有人说中国四大古镇，东有江苏周庄，北有山西平遥，西有湖南凤凰，我想，毫无疑问，南就是广西的这座黄姚了。

逛了5个多小时，我们仍意犹未尽，尽管还有很多地方没有走到，却并不觉遗憾，因为心里正想着啥时再来。

▼ 有人说中国四大古镇，我想，毫无疑问，南就是广西的这座黄姚了

瑞石

第九章 南粤古韵

2017年冬天，我们到海南避寒。转过年，4月上旬，正是江南春暖花开时节，驾车返程路上，途经广东，拜访了该省众多的古村镇。

空寂的村落

从湛江市过来，进入恩平市，在它的西部山区，有一个云礼村，俗称石头村。事先查阅资料得知，十几年前，村民大举迁徙，在附近建起新村庄，那里只剩老房子，基本成为“空巢”村，但我还是想去看看，因为它不但别具一格，在广东省独一无二，更是一座“活化石”。

村口有停车场，几个村民围坐一旁，售卖当地土特产品。走到近前，被告之要买门票，让我们莫名其妙。好在不贵，每人15元，白纸打印的票面，没有收藏价值，但我还是留下了这张“证据”。

一进村子，迎面叠立两块巨石，顶部那块呈椭圆形，上面刻有“石头村”几个红漆大字，走近细瞧，见是一位黎姓人士所书，让我想起该村的来历：明代有一贡生，姓黎名思文，在阳江任职做官，洪武年间退休时，正值战乱频仍，他想找一清静之地安度晚年。一次路过石头村附近，不慎落入河中，幸好有块巨石，让他抓住爬上岸来。大难脱险，感激涕零，他回望四周，认为此乃天意，便在此定居立村，一直繁衍至今——我猜想，巨石上题字之人，该是他的后代吧。

▶ 门楼右边几米处，一株百年大榕树，枝繁叶茂，与那块巨石相呼应，守护着身后的古村落

▲ 巷道的路面，也用石块铺成，大大小小，坑坑洼洼，走在上面，略嫌硌脚

绕过巨石，是一座石砌的门楼，门楣处白地黑字：云礼村。门侧嵌着“恩平市不可移动文物”标牌，无疑是原物。门楼右边几米处，一株百年大榕树，枝繁叶茂，与那块巨石相呼应，守护着身后的古村落。从门楼穿进去，是一条半弧形的石路，用大块鹅卵石堆砌，有1米多高，路面凸凹不平，宽度足够马车通行。这是迄今为止，我所见过的最为奇特的石路。沿路走到尽头，是一方水塘，路基与堤岸相连，环绕成圆形，村里久无人住，水塘几近干涸。

从石路下来，是村里的主街路，交会的几条巷道，从北到南依次排开，形成较规整的村落布局。巷道的路面，也用石块铺成，大大小小，坑坑洼洼，走在上面，我虽然穿着户外鞋，也略嫌硌脚，不免佩服这里的村民，出门入户，长年行走于此，肯定个个都是铁脚板。

我走入一条巷道，立刻感到有股阴森气息扑面而来：路旁荒草丛生，两侧的院墙，大都已经倒塌，坍成奇形怪状的石堆，房屋门窗皆无，只留下残破的窟窿，风雨侵蚀的墙面，霉变剥落，黑白难辨，周围没有任何响动，死一般的寂静，让人不寒而栗。我屏住呼吸，蹑手蹑脚穿过几户人家，里面大抵相似，几具石槽石磨等，再无他物，空空如也。倒是墙角的青苔，多少显示着有生命的迹象。

▼ 从门楼穿进去，是一条半弧形的石路，用大块鹅卵石堆砌，路面凸凹不平，宽度足够马车通行

▲ 眼前这个云礼村，绝对是名副其实的石头村，村里所有的一切，无不采用石头为材料

转了几条巷子，全村房屋建筑格局，我基本看明白了，每户均为里外两间，前街后巷，生活起来一定很方便。站在巷口处，看到各家的房舍，排列有序，墙基整体一条线，没有哪户超出范围，更无乱搭乱建现象，不禁让我感叹道：云礼村的建筑布局，在全国甚为罕见，堪称古村落建设的典范。

燕赵多石村，我曾去过那里，如于谦后代居住的于家村等，但也只是建房以石材为主，而眼前这个云礼

村，绝对是名副其实的石头村，村里所有的一切，无不采用石头为材料：房屋用石头建，围墙用石头垒，巷路用石头铺，塘坝用石头砌，水渠用石头筑，石碾石磨不必说，连洗衣板也是用石板凿的。而且，我还听说，所有这些石料、石器，全部出自云礼人之手，更让人钦佩有加，想一想，当时村里该有多少能工巧匠啊。

古村落的价值，综合了建筑、文化、艺术、家族、伦理等诸多方面，不论是历史，还是在今天，都是无法估量，它在中华民族传统文化领域，特有而唯一。今天，我有幸来了，用手中的相机，把它“留”在了自己的记忆里。

走着走着，有那么一个瞬间，我突然产生幻觉，自己仿佛成了孩童，来到了一个奇妙的石头世界……

回到村口处，我忽然觉得，还有什么东西没找到，所以不想就这么离开。水塘在那边，有一处残存建筑物，我踩着坝基绕过去，到了近前。这是一座殿堂式建筑，只剩下殿门和两段断壁，两根石柱支撑前檐，殿门是3条巨型石条，我抬头观望，横石上镌刻着“思文黎公祠”——果然是他，云礼村的创始人。

昨日的石头村，“人去楼空”，没有人维护，没有人修缮，用不了多久，也许就会变成真正的“石头”。但愿那时，村口的百年大榕树还在，让它告诉世人，这里曾经有座村落，里面生活着一群黎姓人家。

离开的路上，我边走边想，百思不解：如此美丽的家园，云礼人为啥要舍弃离开呢？

◀ 到了近前，是一座殿堂式建筑，只剩下殿门和两段断壁

举人第一村

▲ 举人辈出之地，必是成长环境适宜

恩平市的歇马村，元代至正年间建村，至今有670多年的历史。

关于村名，我听到这样的传说：宋代时，一位将军带领军队经过此地，因战马口渴，便停下来休息，马匹饮水期间，躲过了敌人的袭击。后人为纪念此事，就把这里叫“歇马”，一直延续至今。

柏油路直达村口，村门是新建的牌楼，4根石柱，顶部金黄色琉璃瓦，正面“歇马”两个大字，让我脑海里浮现出群马饮溪的图景。其实，“中国举人第一村”的尊称，更适合这个古村落：明清两代，村里有670多名学子考取了功名，其中举人285人，5人官居二品。

举人辈出之地，必是成长环境适宜。买了门票，走过牌楼没几步，路旁出现一座青砖院落，铁栅栏门，漆成黑色，两侧墙面镶嵌青石浮雕，分别为“一路连科”“鱼跃龙门”，门楣上刻着3个篆字，我仔细辨认，为“励志园”。据资料记载，村人梁日蔼当年中举，官至二品，解甲归田后，为鼓励后辈励志有为，于清代道光年间建造了此园。历史的诸多原因，该园曾经被毁掉，只存残墙断壁，现在原址予以修复。我们走进去，一派别样的景象：古榕遮天，满目花团锦簇，新开凿的荷塘，修筑了飞虹桥、励志台等。可以看得出，一些石雕等应为原物。励志台上竖有几根石柱，上面刻着警句，我随手抄下两句：“志坚者功名之柱也男儿不展凌云志空负天生八尺躯”“有志始知蓬莱近无为总觉咫尺远”。一个巨型算盘模型，立在荷塘边，石基座上刻着两行字：加法增内涵，减法量得失，乘法算机遇，除法计幸福——歇马人的这种感悟，契合了为人处世的大道理，我仔细品味，为古村先人的睿智所感动。

遥想过去的岁月，就是这浓郁的文化氛围，熏陶着一代代歇马人，志向高昂，人才辈出。

歇马村临水而建，再往里走，就能看到碧绿的锦江河。河畔新建了歇马公园，绿草环绕，茂林修竹，园内陈放的物品，是歇马人几百年来“耕读传家、尊师重教”的文化积淀。沿举人路走进去，依次是科举功名碑林、八大功名旗杆夹、教子台、皇帝敕命碑、孔圣坛等。其中的功名碑林，是为村内考取功名者而立，始于明代崇祯年间，止于清代末科举废除后，原有200多块碑石，现在寻回100多块，又重新立于路旁，我上前观看，上面的阴文仍然可辨；教子台位置，有一株龙眼树，树龄300多年，巨冠如荫，上面挂满祈福的红布

▼ 歇马村临水而建，再往里走，就能看到碧绿的锦江河

▶ 教子台位置，有一株龙眼树，树龄300多年，巨冠如荫，上面挂满祈福的红布条

条；八大功名旗杆夹，据说经咸丰皇帝钦准，为官居三品以上的举人、进士而立，光宗耀祖、激励后人，两块碑石夹起10米多高的旗杆，顶部嵌有一斗，寓意才高八斗，金黄色功名旗猎猎招展，蔚为壮观；孔圣坛，为一尊巨大的孔子雕像，背后一面石墙，刻着《论语》选句，两侧竖立圆石柱，镶嵌一副对联，上联为“修身齐家治国平天下”，下联为“笔筒量米也教子读书”。

“笔筒量米教子读书”的规矩，是歇马村先祖梁胜镇所设立。由于该村依山靠水，田地稀少，唯有考取功名才能过上好生活。明代宣德年间，梁胜镇立下此誓言，大意是：就算穷到用笔筒量米做饭的地步，也要让子孙读书成才。遵循这一祖训，后人又创立“学谷制”，按现在的说法，就是奖学金制度，规定凡考取秀才以上功名者，每年可获12箩稻谷的奖励，举人以上则为24箩，而且终身享受。此外还有功名碑、教子台、功名旗杆等，激励后人读书进取，改变他们的人生之路。

公园与民居区相隔一座水塘，塘水由锦江河引入，同样碧绿清澈。几座宗祠和主要建筑，沿水塘依次排列。歇马村几百年的岁月，兴建了大量古建筑，至今尚存一批祠堂、宅第等。大夫第、秋官第等几处老宅，虽为当时朝廷官员的故居，却建得简朴甚至寒酸，说明他们为官清廉。几座祠堂则考究豪华，墙脚用大理石砌筑，屋脊描龙雕凤，精致美观，显示着歇马村当年的富有。这些祠堂，历史上曾作为私塾或学堂，承载着“书香满盈”的求学传统，现已开设为“文化馆”“展览馆”等，其中的缉熙

▼ 这些祠堂，历史上曾作为私塾或学堂，承载着“书香满盈”的求学传统

堂，最具有代表性。我走进这座曾经的私塾，依然古香古色，正厅上方，一块“尊师重德”木刻匾额，黑底金字，庄严肃穆，堂内各面墙壁上，镌刻悬挂着训诫联匾、缉熙堂训、学谷制、《千字文》、《三字经》等，仿佛走进歇马村的历史，置身于“重教兴学、励志有为”的传统气息之中，不禁让我肃然起敬。

歇马村的巷道，别具一格，而且颇为有趣，有男人巷和女人巷之分。男人巷宽阔，可几人并行，只供男人出入；女人巷狭窄，最窄的只有60厘米，一人都得侧身，而且男人不能进入，否则视为无礼。“男女授受不亲”，将封建礼教进行如此诠释，国内罕见。

依依不舍走出歇马村，回头再望村口，才发现有“廉洁教育基地”的字样。原来，歇马村所在的恩平市，依托该村“重教兴学、崇廉尚德”的传统特色文化，有机融入廉洁文化元素，建立了廉洁教育基地。佩服广东人，预防腐败，从正面引导入手，不能不说是行之有效的手段。

▲ 歇马村的巷道，别具一格，而且颇为有趣，有男人巷和女人巷之分

碉楼奇观

看完姜文的电影《让子弹飞》，一直对“黄四爷”的碉楼着迷：多么精美奇特的建筑！后来，知道是在广东的开平市，却始终没能前来欣赏观瞧。此次路过这里，当然不能错过机会。

开平是著名的华侨之乡，更是誉满全国的碉楼之乡。20世纪20年代，当地土匪猖獗，洪涝灾害频繁，一些华侨及港澳同胞便在家乡兴建碉楼和居庐，当时约有3000多幢，随着时代变迁，现在尚存1800多

◀ 自力村的碉楼，位置比较集中，彼此相距百米左右，水泥小路蜿蜒其间，又有水塘、草坪、修竹点缀，与碉楼相映成趣

幢，连绵数十公里，犹如一个个巨人，守护着自己的家园。2007年，“开平碉楼与村落”被联合国列入《世界遗产名录》。

▼2007年，“开平碉楼与村落”被联合国列入《世界遗产名录》

开平碉楼星罗棋布，分布零散，以自力村、马降龙、锦江里3个村落最为集中，也保存得最为完好。当地旅游部门聪明，把这几个地方串联起来，统一管理，统筹规划观赏线路，极大方便了游客。我们买了180元的联票，驱车先到了自力村。

这个季节，油菜花盛开，嫩绿的田野上，笼罩着飘逸的鹅黄色。自力村的碉楼，位置比较集中，彼此相距百米左右，水泥小路蜿蜒其间，又有水塘、草坪、修竹点缀，与碉楼相映成趣，构成美不胜收的景观。赶巧是周六，游人如织，到处是跳动的笑脸，女人们在当地购买了花花绿绿的旗袍，马上穿在身上，形成一簇簇游走的亮丽色彩。全村现有9座碉楼，还有6座庐居别墅，是开平最大的碉楼群。其中的几座碉楼，可凭门票进入参观，我向管理人员了解，房主多旅居在外，和政府签订了协议，采取托管的方式，既解决了维修问题，又可获得一定的收益。由此我联想到曾经去过的一些古村落，房主在外，顾及不到，政府又不便插手，只能任其风蚀雨剥，渐变废墟，为什么不参照这种方式，交由政府代管，岂不两全其美吗。

碉楼集防卫、居住为一体，是多层塔楼式乡土建筑，最早源于明代后期，20世纪初达到鼎盛。自力村碉楼形式多样，风格各异，西方建筑的柱廊式、平台式、

◀ 自力村碉楼形式多样，风格各异，西方建筑的柱廊式、平台式、城堡式，中国传统的飞檐、石栏、雕花，中西方的完美结合，俨然一座露天的建筑艺术博物馆

◀ 铭石楼建于1925年，共分6层

城堡式，中国传统的飞檐、石栏、雕花，中西方的完美结合，俨然一座露天的建筑艺术博物馆。碉楼楼身高大，多为四五层，从建筑材料上看，有石楼、夯土楼、砖楼、钢筋混凝土楼等，窗户皆为两层，里面是铁栏杆，外层是厚铁板，平时敞开，便于屋内采光，一旦土匪来犯，则关闭所有铁窗，外部形成一面铁壁钢墙。碉楼还有个特点，就是主人按照自己的意愿选取楼名，镌刻在顶楼正面，字体巨大，特别地醒目，相距很远也能看到，如龙胜楼、湛庐、铭石楼等。其中的铭石楼，堪为全村最美的碉楼，仅从外形看，已经让我惊讶，待走进它的内部，更让我赞叹不止。

铭石楼建于1925年，共分6层，楼梯狭窄，却非常牢固，走在上面没有丝毫的晃动。底层为客厅，二至四层为居室，屋内保存着完整的家具、生活用品等，而且都为原物，如中式的雕花床、西式的美人卧榻、枝形铸铁煤油吊灯、五彩玻璃隔断屏风等，尽显那个时代的奢侈豪华。第五层是祭祖场所，外围有宽敞的柱廊，8根雕花

▼ 站在平台上，附近的几个碉楼，仿佛近在咫尺，伸手可触

▲ 马降龙村的碉楼全以“庐”为称，刻在顶楼的正面，一眼望过去，首先映入眼帘的，就是巨大的庐名

石柱，支撑顶部六层的平台。登上平台，正中立有一六角小亭，西式的立柱，顶部中式琉璃瓦。站在平台上，附近的几个碉楼，仿佛近在咫尺，伸手可触，再往稍远处眺望，一览无余，南国田园风光尽收眼中。

再去马降龙村，半个小时的车程。这是一座世外桃源般的村落，一条清溪淙淙流淌，两岸遍布竹林、树丛、果园等，茂密而齐整，十几座碉楼散落其间，要去寻找它们，似乎不太容易。好在我们有导游图，上面标注了对外开放的碉楼，而且路口还有路标指引。沿着林间小径，我们漫步其间，吸吮着大自然的气息，真羡慕马降龙的先人，选择了如此神仙住的地方。走着走着，骏庐、林庐、昌庐、敏庐……如同幻灯片，一幅幅从竹林丛中“映”出来。这里的碉楼全以“庐”为称，刻在顶楼的正面，一眼望过去，首先映入眼帘的，就是巨大的庐名，四周有雕花衬托着。这些碉楼大都有四层，上层为平顶，作为瞭望的平台。对外开放的，可凭门票进去，从一层参观到顶层，屋内家具、用品等，全部是当年的陈设。登上骏庐的平台，我环顾四周，远处的几座碉楼，被高耸的树林所掩，只露出顶楼部分，犹如浮在绿色的海洋上。据说，联合国世界文化遗产的专家，也曾登上这里的碉楼，眺望四周景色，赞叹："这是世界上最美丽的村落。"不过，可能来的游人较少，碉楼保护得稍差，墙体斑驳，油漆脱落，影响了建筑物的整体美感。

从村子南口出来，路旁有座南门楼，形如微型"碉楼"，双层钢筋混凝土结构，下层为门道，宽度可通马车，上层是瞭望台，四面向外悬挑，外墙设有射击孔。不知别的几个村口，是否也建有门楼？我想，只要没拆除，肯定也会有的。

离开马降龙村，天色渐晚，本想回宾馆休息，但听说锦江里村有座"开平第一楼"，我们便欣然驱车前去。

锦江里只有3座碉楼，瑞石楼、升峰楼、锦江楼，并列在村落的民居后面，开车刚进村口，我就看到了它们的雄姿。只可惜，待我们穿过村巷，来到碉楼面前，已过了参观时间，只能站在外面观赏。

3座碉楼并排竖立，坐西北面东南，彼此相距几十米，最东面的瑞石楼，即是"开平第一楼"。它楼高九层，不仅高度第一，更主要是在外观造型上，开平

▼ 锦江里只有3座碉楼，瑞石楼、升峰楼、锦江楼，并列在村落的民居后面，开车刚进村口，我就看到了它们的雄姿

其他所有碉楼都无可与之比拟。瑞石楼为钢筋混凝土结构，每层的上部和下方，都雕塑有线脚和柱饰，增加了立面的美感。各层的窗楣和窗花，造型各不相同，灵活多彩。从五层的顶部开始，四角别致的托柱，向上自然过渡，烘托出六层以上的精彩，犹如巨大辉煌的王冠戴在头顶；六层整体是柱廊，欧洲古典风格的石柱，配套半圆形的拱券；七层的四角，建有穹隆顶的角亭，楼名匾额在正中位置，“瑞石楼”3个大字，刚劲而隽秀，外墙体点缀的蓝涂色，给它平添了几分浪漫的气息；八层是一座西式的塔亭；九层是穹隆顶，我知道，那是拜占庭建筑的特点之一。

站在瑞石楼下，仰望这座如此光彩夺目的“巨人”，让我联想到它的内部，肯定也是金碧辉煌吧，不知以后能否有机会，前来一睹其芳容。

另外那两座碉楼，虽然也很精美，但与瑞石楼为邻，难免大为逊色。我想，它们的建筑年代，应远在瑞石楼之前，看了旁边石碑上的说明，果然。

很奇怪，走了一圈儿，找不到一处姜文在这里拍摄电影的标识，也看不到《让子弹飞》的剧照，要知道，这是多大的宣传效应啊，换了别处，早就铺天盖地了。蓦地，我明白了，开平雕楼自身的价值足矣，画蛇添足，反倒是对它的玷污。

◀ 瑞石楼为钢筋混凝土结构，每层的上部和下方，都雕塑有线脚和柱饰，增加了立面的美感。各层的窗楣和窗花，造型各不相同，灵活多彩

沙湾新貌

若非身临其境，简直不能相信，繁华的广州市近郊，竟然有如此一块“净土”，近在咫尺，一闹一静，两个世界。

沙湾古镇，南宋时期建村，因为在古海湾半月形沙滩侧畔，故名沙湾。800多年的历史，积淀了岭南文化的诸多精髓，又经当地政府近年的“复古工程”，打造出集古建筑观赏、传统文化展示、现代休闲娱乐等为一体的旅游景区，文化古镇显现出全新的亮丽风貌。

从古镇西边进去，是足球场大小的广场，大块青石铺地，平整洁净，几块石碑立在一侧，我走近细看，是科举时代的功名碑。素有“岭南古建筑综合艺术宫”之称的留耕堂，就坐落在广场北侧。

▼ 素有“岭南古建筑综合艺术宫”之称的留耕堂，就坐落在广场北侧

▶ 祠堂正门上方，红底金字“何氏大宗祠”横匾

留耕堂，沙湾镇何氏宗族的祠堂，位列广州番禺清代“四大宗祠”之首，也是镇内古建筑的杰出代表。祠堂始建于1275年，经几次毁坏又重建，现为清代康熙年间扩建的规模。其“留耕”两字，源于明代大儒陈献章书写的对联“阴德远从宗祖种，心田留与子孙耕”。祠堂正门上方，红底金字“何氏大宗祠”横匾，内部结构为五开五进制，由头门、仪门、钟鼓楼、拜庭等组成，沿中轴线有序排列，并向两旁对称展开，气度恢宏，轩敞疏朗。无论是精湛的工艺技术，还是典雅的装饰风格，无不体现出清代建筑高超的艺术水准。东西两个侧门上方，分别刻有“入孝”“出弟”，让我印象深刻：在家要尽孝，在外要敬爱兄长。家庭教育，乃人生第一课堂，潜移默化，受益终生。

▼ 东西两个侧门上方，分别刻有“入孝”“出弟”，让我印象深刻

再往东走，便进入镇内了。街巷错落纵横，整洁有序，设施完善，既有幽远的古色古香韵味，又有全新的当下社会气息，我甚至有些迷惘，不知身处何地何年代。这种创新型的旅游模式，我想，不仅靠经济实力支撑，更主要是运作理念的转变。沿路走过去，我看到，对明清和民国时期的建筑，并非一律予以修缮和开发，而是按照旅游规划线路，有选择地进行。如何炳林院士纪念馆、广东音乐纪念馆、沙湾广东音乐馆、何少霞故居等10个主题鲜明

的展馆，不但外表焕然一新，内部又布展陈列，全方位多角度展示沙湾镇的民间传统文化艺术。

经过“沙湾广东音乐馆”时，里面悠扬的丝竹管弦声，吸引我们走进去。双层青砖小楼，民国时期的建筑，不收门票，游人可以随便进入。楼内装饰也完全是那个年代的风格，一层大厅里，几个民乐手在伴奏，两个中年女士，咿呀唱着粤乐曲目，四周有人坐着观赏。我们以为是为游客演出，坐下看了一会儿，我才明白，原来他们都是“票友”，是在这里自娱自乐呢。

▲ 街巷错落纵横，整洁有序，设施完善，既有幽远的古色古香韵味，又有全新的当下社会气息

镇内街路稠密，有多条古巷穿插其中，“敦厚里巷”“孝友巷”“进士里巷”等。我去过许多古村落，街巷名存实亡，只在路口标明巷名，里边面目皆非。而沙溪的古巷，则名副其实，基本保持原貌，如“进士里巷”，为清代康熙年间重修，石板路面，老屋排列整齐，明代洪武年间的进士故居，仍完好保留在巷内。

穿行在小巷，路经几处特殊的墙面，让我格外惊奇：凸凹不平，类似用海螺砌筑。看了墙上的说明，方知叫蚝壳墙。珠三角地区盛产生蚝，古代建房时，人们就地取材，把蚝壳拌上黄泥、红糖、蒸熟的糯米，一层层堆砌起来，不仅隔音好，坚固耐用，而且冬暖夏凉。如今，蚝壳墙已屈指可数，极为珍贵。此时，我站在这里，正好阳光斜射过来，墙面像一幅抽象的雕塑画，让

▲ 古代建房时，人们就地取材，把蚝壳拌上黄泥、红糖、蒸熟的糯米，一层层堆砌起来

人浮想联翩，我们不禁感叹古人的聪明才干。

再往前走，到了镇中心地带，“广东音乐纪念馆”坐落在这里。硬山顶青砖房，屋檐下，几组精美的砖雕，松梅花鸟图案，让整座建筑神采飞扬。门楣“三稔厅”匾额，让我觉得好奇，看了介绍得知，这里是广东音乐的发源地之一，孕育了粤乐先师何博众和“何氏三杰”（何柳堂、何与年、何少霞），他们在此创作了《雨打芭蕉》《赛龙夺锦》等传世名曲，沙湾也因此成为“广东音乐之乡”。时至今日，这里仍是沙湾粤曲爱好者的园地。走进中庭，一棵百年三稔树，翠绿挺拔，为何博众当年所植。所以，“三稔厅”，实至名归。

镇内古建筑中，最具地方特色的，依我所见，应该是别致的镬耳屋，也大多集中在镇中心这一带。镬是古时的一种大锅，镬耳屋是岭南传统民居的典型代表，多用青砖砌筑，外墙嵌有花鸟等图案的砖雕，因山墙筑有两个像镬耳的防火挡风墙而得名。

▲ 只有如此的人文环境，才能承载乡愁，留得住人

从正面看，两边高耸的墙体呈镬耳形，从侧面看，很像一个“凸”字，有的还雕尊神兽，蹲在屋脊边沿，极有装饰美感。

▼ 镇内古建筑中，最具地方特色的，依我所见，应该是别致的镬耳屋

古镇中心地带，传统和当代融为一体，形成独特的文化商街。明清时期的两层镬耳屋，大都改为“上住下铺”的商铺，“休闲酒吧”“当当云吞店”“牛奶皇后店”“仿古茶楼”等，比比皆是。徜徉此间，聆听广东音乐，品尝特色小吃，体验古人怡情，别有一番特殊的情趣。难怪，来的游人络绎不绝，拍照的，消费的，吵吵嚷嚷，不愿离去。几株古榕树下，围坐着一群当地人，或打牌或聊天，悠闲自得，丝毫不理会周围的游人，他们似乎“不知有汉”，长久逍遥在古镇岁月里。据说，古镇居住的群体中，原住民占60%左右，是否可这样说：只有如此的人文环境，才能承载乡愁，留得住人。

转悠了半天，我们也不想走了……

第十章 七彩云南

“七彩云南”的多个典故，引人以无限的幻想：诸葛亮当年擒获孟获时，天边出现七彩祥云；昊天上帝吐露仙气，化成了七彩云朵；大自然赋予的红、橙、黄、绿、青、蓝、紫7种颜色……来云南寻访古村落，给我留下最多的印象，则是生活在这里的各族人民，他们创造出的独特的人文环境，更为熠熠夺目。因此我说：色彩的多样性和文化的多样性，造就了“七彩云南”。

泸沽湖 · 里格村

从西昌出发，250多公里，行驶了7个多小时，可见山路之艰险。当一大片碧蓝映入眼帘，我终于可以大声喊了：“泸沽湖，我来啦！”

曾经几次来云南，因为都是公出，没机会游览泸沽湖，却让我记住了这个“女儿国”，脑海里时常会幻想：它究竟是什么神奇的模样？所以，这次选择从四川进入云南，就是为了第一时间看到泸沽湖。

▲泸沽湖湖水清澈蔚蓝，是云南最高的湖泊，湖面海拔2609.7米，形如展翅的天鹅，周围山峦环绕，岸畔逶迤

泸沽湖为川滇两省界湖，湖东是四川盐源县，湖西是云南宁蒗彝族自治县。行政区划有别，泸沽湖却归全体摩梭人拥有。

泸沽湖形成的年代不详，水源主要来自3个渠道：一是金沙江支流的诸多水系；二是大量降雨；三是地下水源。最后流入长江上游的雅砻江。贮水量19亿多立方米，平均水深45米，最深处达93.6米，透明度高达11米，最大能见度为12米，湖水清澈蔚蓝，是云南最高的湖泊，湖面海拔2609.7米。泸沽湖为高原断层溶蚀陷落湖泊，形如展翅的天鹅，周围山峦环绕，岸畔逶迤，散布众多大大小小的岛屿、沙滩，犹如众星捧月，簇拥着这位降临凡界的蓝色精灵。摩梭人称泸沽湖为"谢纳米"，意思是"母亲湖"，因此，它又像一尊睡美人，宁静安详，躺卧在青山怀抱之中。

世代生活在泸沽湖畔的摩梭人，人口约5万，他们

▲ 自古以来，摩梭人一直保留着母权制家庭形式，母亲是一家之主，家庭成员均为母系血缘的亲人

没有文字，有自己的民族语言。自古以来，摩梭人一直保留着母权制家庭形式，母亲是一家之主，家庭成员均为母系血缘的亲人。如此神秘的“女儿国”，是由摩梭人独特的婚姻习俗决定的。情侣之间不存在男娶女嫁，到了夜晚，男方到女方家住宿，天亮后离开，双方仍属各自原来的家庭，这种婚姻形式即为“走婚”。二人所生子女由女方家抚养，也采用母亲姓氏，男方不需要承担抚养义务。所以，在摩梭人的家庭里，男孩儿不用娶妻回来，女孩儿不用出嫁离家，终生与自己母亲生活

◀ 格姆女神山，是这里最高的山峰，海拔3700多米，巍然耸立在湖的北岸

在一起，相互亲切和睦，尊老爱幼，宽怀谦恭，很少有家庭“冷战”或暴力现象。摩梭人虽然实行“走婚”，但在他们内心，情爱至高无上，遵从“一妻一夫”原则，“走婚”的男女只有在分手后，才能和别人重新“走婚”。奇特的婚姻和风俗，也造就了摩梭人的别样品格：女子重义而豪爽，男子多情而内向。

▼ 傍晚和清晨，是湖面景色最佳的时段

泸沽湖以其摩梭风情和湖光山色闻名于世，成为众多旅游者一生必来的人间天堂。

住进湖边的民宿，傍晚和清晨，是湖面景色最佳的时段，我不停地拍摄，恨不能把眼前的一切全都摄入镜头。

60公里环湖公路，第二天早饭后，我们开车上路，去观赏泸沽湖的全部景色。

泸沽湖刚刚醒来，水面上的薄雾，快速移动，变幻莫测。湖畔阡陌纵横，炊烟袅袅，蓝天白云之下，水天一色。格姆女神山，是这里最高的山峰，海拔3700多米，巍然耸立在湖的北岸，沿湖行走，无论在哪个位置，抬头遥望，准能看到她的雄姿。当地的神话传说中，此山是格姆女神的化身，受全体摩梭人朝拜，山顶有女神庙、女神洞，每年的转山节，大家都要排成长队上去祭祀，游人们平时可坐索道上去游玩。

湖东南的水域，水层较浅，生长着茂密的芦苇，面积达万亩，水中有草，漂浮水面，在这样的深秋季节，金黄灿烂，随风舞动身姿，被摩梭人称为“草海”。“海”的尽头，有起伏的山峦，在晨雾中若隐若现，宛如仙境。据说草海深处，芦苇如墙，水路纵横，栖息着

▲“草海”的尽头，有起伏的山峦，在晨雾中若隐若现，宛如仙境

大量的天鹅、黑颈鹤等珍稀候鸟，也许是清晨，很难见到它们展翅飞翔，却有一群群水鸟，在空中追逐嬉戏。如果幸运，你还会看到摩梭姑娘的风姿，红衣白裙，模样俊秀，划着条形的猪槽船，唱着悠扬的渔歌，出没在丰美的苇丛之中。猪槽船即独木舟，将一根圆木挖空，两头削尖而成，因形如猪槽而得名，作为摩梭人传统的水上交通工具，伴随他们从古至今、风雨同舟。一座300余米的木桥，横跨草海之上，连接两岸村落，即是温馨多情的“走婚桥”，摩梭男女相互倾心后，便会来到桥上约会。百年前的老桥，因为木质腐烂已弃用，旁边新建的这座桥，像一条红色的纽带，是名副其实的“天下第一爱情鹊桥”。

泸源崖，顾名思义，是泸沽湖的水源之处，崖下

就是出水的泉眼。远远望过去，崖头高耸，壁如斧劈刀削。崖顶怪石嶙峋，一座巨大的“玛尼堆”，上面覆满经幡，四周围栏也缠绕着经幡，五颜六色，亮丽耀眼。我们站在崖上，凝望蓝天白云，俯瞰万顷碧波，微风吹拂，经幡飘动，此时此刻，会让你觉得内心不存一丝杂念，纯净澄清，完全融化在这浩瀚的天地之中。

泸沽湖水平如镜，湖中几个岛屿，就像漂浮在水面的船舶，沐浴晨光，静谧清幽。黑瓦吾岛，位于湖中心，面积不大，岛上林木葱郁，众多候鸟的栖息之处，与格姆女神山遥相呼应，一山一水，占尽了泸沽湖的无限风光。另外的媳娃娥岛、里务比岛、里格岛，被誉为“蓬莱三岛”，是泸沽湖最具观赏价值的景点。媳娃娥岛，位于西北湖面，岛上丛林茂密，鸟语花香，美国学者洛克曾旅居于此，并在《中国西南古纳西王国》书中赞美“真是一个适合神仙居住的地方”，岛上现已重修了他的故居，摩梭人也称此岛为“洛克岛”。里务比岛，距离岸边4公里，是泸沽湖最大的岛，岛的一侧为石笋，成为天然的码头。岛上有座藏传佛教寺庙，建于1634年，后来遭毁，1989年重建后，香火又旺盛起来。岛的顶端还有一座白塔，为永宁摩梭土司府总管阿云山的灵塔，他曾是摩梭人历史上的杰出统治者。里格岛，是一座小型的半岛，向北弯成圆形的湖湾，连同岸上的民居，组成里格村，是我此行所要寻访的古村落。

◀ 一座巨大的“玛尼堆”，上面覆满经幡，四周围栏也缠绕着经幡，五颜六色，亮丽耀眼

◀ 里格岛，是一座小型的半岛，向北弯成圆形的湖湾，连同岸上的民居，组成里格村

▼古村的房舍，全都建在湖湾和半岛上，二十几户摩梭人家，世代生活在此

里格村的位置，在泸沽湖北侧，格姆女神山脚下，湖光山色，犹如神仙居所。古村的房舍，全都建在湖湾和半岛上，二十几户摩梭人家，世代生活在此，传统的木屋，以木材为材料，垛成井干式木屋，木板为瓦，沿湖星罗棋布，风格独特，温馨又安详。但是，如此洁净的境地，受网络宣传影响，游人蜂拥而来，商家见利忘义，仅仅几年时间，多家宾馆、饭店、酒吧等，如雨后春笋，遍布岸边沿线，环境因此恶化，污水遍地横流。我们进村时，眼前是杂乱的施工现场，挖沟埋管，道路堵塞。问了村民得知，为了湖水免受污染，正在埋设污水管道。这话听了让人欣喜：发展旅游业的同时，加强环境保护设施建

◀ 沿着湖湾小路，不知不觉就到了里格半岛。半岛像是一座长长的栈桥，搭建在宽广的湖面上

设，这才是政府的积极作为呀！

湖湾的岸畔，正在改造修饰，已现园林般景观的雏形，几座宾馆掩映其间，与幽静的丛林，碧蓝的湖光，嶙峋的山石，构成泸沽湖一处绝佳的风光。

沿着湖湾小路，不知不觉就到了里格半岛。半岛像是一座长长的栈桥，搭建在宽广的湖面上，岛上的木房，都是百年以上的老建筑，大多开设为客栈。如果羁留在此，每当日落时分，凭栏眺望，霞光从云层射出，湖面水光潋滟，犹如披上一件金色的衣裳，隔岸炊烟袅袅，舟楫归岸——朦胧之中，你会突发奇想：但愿余生在此度过，随晚霞消失在这天地之间……

相信用不了多久，里格村又会恢复仙境般的模样。

里格半岛，泸沽湖上最美的“珍珠”，被我摄入镜头，带回家去，作为永久的珍藏。

舍不得离开泸沽湖，我们又在湖畔的大落水村住了一宿。

茶马古道上的驿站

不来云南，还真不知道茶马古道的究竟。

唐宋时期的“茶马互市”，是茶马古道形成的源头。我国西南的康藏地区，历来多食肉类，酥油茶可促消化，茶叶便成为藏民生活的必需品；而在其余地方，民间使役和军队征战，需要藏区大量的骡马，这种茶和马的交易，使得“茶马互市”应运而生，并随着往来运输的日趋繁荣，逐渐形成了“茶马古道”。茶马古道主要分南、北两条，即滇藏路和川藏路。滇藏路起自滇西

▼ 如今的束河古镇，高大的牌坊式大门，飞檐翘角，彩绘缤纷

南产茶区，经丽江、香格里拉、德钦、芒康、林芝，到达拉萨，又经拉萨运往印度等地。

束河古镇，茶马古道上重要的驿站，也是马帮聚集的市镇，算起来，它的历史比邻近的丽江古城还久。我们来到这里，就是为寻找马帮留下的踪迹，亲眼见证我国西南边疆茶马贸易曾经的辉煌历程。

如今的束河古镇，已改造为国家4A级旅游景区，高大的牌坊式大门，飞檐翘角，彩绘缤纷，以其浓郁的民族气息，迎接四面八方来的客人。

▼ 大街小巷的路旁门房，几乎全都改为商铺，民族服饰、银器加工、客栈民宿、酒家美食

束河依山傍水，纳西族最早的聚居地之一，也是木氏土司的发祥地。镇内格局如初，房屋以清代民居为主，也有少量的明代建筑。民居有普通住宅，也有大的院落，少雕梁画栋装饰，结构简单，刻意偏重实用。大街小巷的路旁门房，几乎全都改为商铺，民族服饰、银器加工、客栈民宿、酒家美食……种类多，铺面也华丽，让人眼花缭乱、目不暇接，就像来到一个巨大的露天商场，由此可以想象，当年的马帮驿站该是何等热闹的场景。

此时是午后，继续往里走，古镇的历史画面，被现代色彩所渲染，精彩纷呈，一幅接着一幅。“四方听音”，是古镇的文化广场，周围塑有音乐人塑像，舞台之上，挂满各种乐器。此时，广场空旷无人，只有

▼ “四方听音”，是古镇的文化广场，到了晚上，华灯初上之时，场地上使篝火熊熊，人们载歌载舞

到了晚上，华灯初上之时，场地上才篝火熊熊，人们载歌载舞，“一匝芦笙吹未断，踏歌起舞月明中”。民族传统文化传承主要体现在“藏纳民族文创中心”和“哈里文化展示园”里。“文创中心”在一条小巷尽头，民族特色的大门，院门敞开，里面静悄悄，似乎不愿外人进去打扰。沿着幽静的青龙河，就会看到“文化展示园”，十几栋纳西后现代建筑，掩映在绿树丛中，有文化主题展示馆、民族歌舞表演馆等，是了解丽江历史文化、纳西民族风情的场所。纳西语中，“哈里”为“磨粮食”之意，“谷”即“地方”，“哈里谷”即是纳西先民磨粮食之地，尽管游人稀少，园内也清扫得干干净净。

▲ 近年新建的“丽江工匠街”，还原了当年的场景

曾经作为商业集镇，束河聚集过众多手工艺人，近年新建的“丽江工匠街”，还原了当年的场景，目前已有多名匠人签约入驻，包括“大师刺绣馆”“特色剪纸坊”“东巴陶土”“传统皮草”“锦绣艺术”等，以此弘扬工匠精神，保护和传承丽江地区非物质文化遗产。我们沿街走了一趟，因游客稀少，店铺大多闭门停业。

镇内遗存的古迹，同样焕发着旺盛的生命力，“三眼井”就是例证。纳西先民视水为生命源泉，他们引水入村后，将一股泉水依次分为三塘井水，饮用、洗菜、洗衣，一水三用，互不混淆。“三眼井”仍在十字街口，我们停下观看，井内水清如镜，不知是否还在使用。

走到古镇中心，是当年“茶马互市”的主要场所——“四方街”。作为茶马古道上马帮贸易的物资集散地，长宽30多米，青石板街面，又黑又亮。四周的店

铺，均为木结构小楼，暗红的油漆，沉淀出百年沧桑色调。这里现在仍是古镇最热闹的地方，人们在此闲逛，或稍做休息，然后沿周围的5条街巷，继续走向古镇的四面八方。

25米长的青龙桥，是镇内古建筑的经典，徐霞客曾来过柬河，并在游记中写到“过一枯涧石桥……”，指的无疑就是此桥。古桥建于明代万历年间，宽4.5米，全部用石块垒砌，是丽江范围内的古桥之最。桥面弧度平缓，便于马匹往来行走。据镇上老人讲，从前，每天有几千匹骡马从桥上走过。如今的桥面，一块块石头磨成了光亮的圆形，布满密密麻麻马蹄印，凸凹不平，异常光滑。我们走在上面，小心翼翼，不敢迈出大步。桥下周围，过去是茶铺、铁匠铺、饭馆等，可供马帮休息、给养补充。桥头正对的地方，过去供奉财神塑像，来往马帮要在此祭拜，现在立了一面砖雕墙壁，上面镶嵌各种神兽，伫立壁前，身后似乎马蹄声声，喧嚣不绝于耳。在桥上走了两个来回，意犹未尽，我又跑到桥下，站在青龙河边，从侧面拍摄古桥的整体全貌。

“飞花触水”，又是一处充满人文色彩的景观，

▼“四方街”作为茶马古道上马帮贸易的物资集散地，长宽30多米，青石板街面，又黑又亮

◀ 25米长的青龙桥是丽江范围内的古桥之最。桥面弧度平缓，便于马匹往来行走

名字就起得诗情画意。这里原是一片水塘，蛙鼓鸣奏，现在改造成休闲区，木板小桥，酒吧环绕。春风荡漾、楸木花开之时，四周无数花瓣从空中飞落水面，飞花触水，波澜不惊。我们买了两杯咖啡，也坐下小憩，此时已近中午，水面却弥漫着浓淡变幻的雾气，如果当年的马帮在此歇息，一定会为人造雾的神奇而迷惑不解。

束河没忘身为驿站的“责任”，利用400多年前木氏土司“大觉宫”的一部分，筹建了“茶马古道博物馆”，是我国首家专门研究并展示茶马古道历史文化的博物馆。大觉宫建于明代隆庆年间，从外观看，只是普通的四合院，里面却大有乾坤。内部建筑结构匀称，主殿房檐高挑，额枋梁柱饰满鸟兽浮雕，栩栩如生，殿内立如来佛坐像，两壁绘有壁画。南殿内塑观音像，合掌坐于莲花台上，两侧也有壁画。博物馆由“序言厅”“壁画展示厅”“史事一厅”“史事二厅”“束河生活厅”“束河皮匠厅”等展区组成，系统介绍茶马古道的起始时间、线路和重大历史事件。馆内展出的内容较多，基于对古代绘画的爱好，我们只在主殿和南殿里的壁画展示厅驻足停留，因为这里保存的壁画，是丽江壁画的组成部分。丽江壁画绘制于明代洪武十八年（1385）至清代乾隆八年（1743），题材广泛，包括自然风光、宗教人物等，色彩富丽，笔法洗练，共计200多幅，分布在丽江古城内及周边几个宗教等场所，现仅存55幅，包括大觉宫这里的6幅。历史上的蛮荒之地，竟然保存有如此大规模的壁画，充分表明中华民族的历史源远流长。

镇内水系密如网状，主要街路两侧，石砌的沟渠，流水潺潺，清澈见底。问了镇里的人，知道水源在镇外的山脚下。走出古镇大门后，我们不想留下遗憾，又向北走了一段路。柳荫深处，两个半圆形的小石潭，就是束河溪水的源头“龙潭”，又叫“九鼎龙潭”。两潭之间建有凉亭，泉水从石缝溢出，夏季不浑，冬季不浅，透明清澈，没有一点杂质。束河人奉其为神泉，并于清代乾隆六十年（1795）在此建了龙泉寺。寺内临水一角，有“三圣宫”阁楼，里面供奉的是皮匠祖师。历史上的束河驿站，因为马帮频繁流动，吸引来大批的能工巧匠，皮革产业应运而兴，逐渐成为滇、川、藏交界处有名的“皮匠村”，所产的皮靴、皮囊、腰包等皮具产品远销各地，甚至包括印度、尼泊尔及东南亚等地，留下一段“束河皮匠600年”的商业传奇。

如今的束河古镇，已成为丽江“世界文化遗产”的一部分，保护和传承已不成问题，让人备感欣喜。上车离开之时，我回头望去，夕阳的霞光，衬托着古镇大门，上面的对联清晰可见：束河而居春风绿泛长江水，鼎业以固晴日红壮大雪山。我忽然觉得，那光晕散绮的牌坊里，是另外一个时空下的世界，遥不可及，又近在眼前。

◀ “飞花触水”原是一片水塘，蛙鼓鸣奏，现在改造成休闲区

香格里拉第一村

▲ 在藏传佛教地区，人们认为石头有生命和灵性，将佛像和经文刻在上面，然后堆成一座座石堆，即是玛尼堆

游完普达措国家公园，听说附近有个藏族村落，名叫霞给村，我们便开车过来。

正在扩建公路，沿线乱七八糟的。下了公路，我独自进了村，四周寂静，似乎弥漫着宗教的气息，让人肃然起敬。几声狗吠，从旁边院子里传出，沉闷恐怖，我想应该是藏獒吧，没敢往院里看，蹑手蹑脚快步走过去。

村口立一块巨石，上面是两行红色的藏汉文字，汉字“香格里拉霞给藏族文化村”。这里距香格里拉市区13公里，与普达措公园几乎连为一体，形成高原地区自然与人文相融合的独特景观。

一条柏油路贯穿全村。路旁几座玛尼堆，排成一列，谦恭地和你对视。佛教深奥无极，我虽不是佛教徒，每每到寺庙参观，或面对大大小小的金身佛像，都持敬畏和虔诚之心，而如此贴近玛尼堆，平生还是第一次，内心狂跳不止。玛尼堆，就是石头堆，我知道，在藏传佛教地区，人们认为石头有生命和灵性，将佛像和经文刻在上面，然后堆成一座座石堆，即是玛尼堆。玛尼堆，藏语称“朵堆”，其意就是垒起的石头，这些石块和石板，没有统一的规格和形状，随便捡拾起来，就可以在上面刻画。“朵堆”分为两类，“阻秽禳灾朵堆”和“镇邪朵堆”，分别立在村头寨尾或路旁、湖边，形状和大小不同。眼前这几座玛尼堆，规模较小，石片垒堆的基座，上面随意摆放着石板，呈圆锥形，我围着转了几圈儿，上面的文字和图案，仿佛覆盖一层神秘色彩，似曾相识，又恍如伏羲创造的天书。

玛尼堆的尽头，立着一个小木亭，里面安装转经筒，铜制的，一人多高，表面光滑无尘。转经筒又叫玛尼经筒，里面装有经文，用手每摇转一次，相当于念颂一遍。转经筒有大有小，一般分为两种，一种是手摇式的，另外就是这种固定在轮架上的。我伸手进去，轻轻一推，经筒便转动起来，说明常有村人过来转筒诵经。

玛尼堆后面，土黄色石墙，围着一座金碧辉煌的藏式建筑：葛丹·德吉林寺。藏式建筑样式独特，可分为

▼ 玛尼堆后面，土黄色石墙，围着一座金碧辉煌的藏式建筑：葛丹·德吉林寺

僧用和民用两类。所谓僧用，就是寺院类建筑，层楼叠阁，巍峨耸峙。这座寺院就是典型的僧用样式。隔着围墙，能看到里面高耸的大殿，楼阁飞檐，以黄色为主色调，表面装饰佛教符号，顶部金黄色的宝幢。院内还有僧房，三层结构，墙体厚实，下宽上窄，檐头边玛墙，体现出碉堡的形体。虽然位于香格里拉一隅，寺内藏有《甘珠尔》108部、《丹珠尔》203部、《密宗集》、《金刚经》以及各种其他的文献等经书宝典，不但极为珍贵，其数量之多、品种之全，在整个藏区也是罕见的。寺院大门紧闭，我们无缘进去拜谒，深感遗憾。院内设有“香格里拉印经院”，聘请藏族专业老艺人，用传统手工木刻技艺，刻印古老的佛教经典，保护和传承藏传佛教文化的精髓。我不知道，所谓“藏族文化村”，是否以这座寺院为主要标志？

藏式民用建筑，因地域不同，类型各异。香格里拉地区，以古老的“碉房”为主，外形像碉堡，墙体下厚上薄，向上收缩，表面平整，无任何装饰，颜色白、红、黑，也是藏民居的主要色彩，象征天、地、人。墙体用白色，檐板等木构件，用一种红土涂刷，黑色则用

◀ 寺院大门紧闭，我们无缘进去拜谒，深感遗憾

▲ 20多户藏族人家，幸福安静地生活在这里

于窗框等地方。霞给村的民居，主要是平房和二层小楼，平面方形，端庄稳固，外墙涂刷白色，门窗保持原色，风格古朴粗犷。各家都有前后院落，圈养牛羊的木棚，堆积的牧草堆，体现出游牧生活的特征。空地上高大的木架，晾晒着一层层青稞。几户人家的院外，停放着私家轿车，说明藏民生活也开始发生质的变化。随处可见的玛尼旗，佛教符号的边玛墙，给这个藏族村落增添了更多的神秘格调。不过，村内的环境状况，让我不敢恭维，到处零乱不整，好像正在改造中——我想，也许是在重新规划建设吧。

霞给村不是行政建制村，而是一个自然村落，山峦环绕，双桥河如一条玉带，弯曲着从村中流过。四周大片的草甸，平坦丰盛，散落着成群的牛羊，是一大片天然的高原牧场。20多户藏族人家，幸福安静地生活在这里。

村子不大，只需几分钟，就可以从头走到尾。本来人口就少，大多又在外忙碌，村里只看到几个身影，闪现在房前屋后。终于有人迎面走来，是一位藏族妇女，

◀ 村子不大，只需几分钟，就可以从头走到尾

◀ 她听懂了，爽快地站在转经筒前面，面对镜头，绽出憨厚的微笑

身体强壮，健步如风。我说要给她拍照，她听懂了，爽快地站在转经筒前面，面对镜头，绽出憨厚的微笑。我向她道了谢，又问她："村里为啥乱糟糟的？"她用生硬的普通话回答："就快好了，有老板要来投资，搞旅游开发。"

我未置可否，心里暗暗祈祷：不管如何改变，但愿霞给村的宗教文化不要受到玷污。

古镇集市

▼ 路口有马帮雕像，以及高悬的酒幌式镇名，继续往前走，就是沙溪古镇了

沙溪古镇，坐落在大理和丽江之间，是茶马古道滇藏线上唯一幸存的古集市，早在2007年，就被列入“中国历史文化名镇”，如今已成为游客云集的旅游景区。

我们当然是慕名而来。下了大丽高速公路，再行驶一段盘山道，路口有马帮雕像，以及高悬的酒幌式镇名，继续往前走，就是沙溪古镇了。

沙溪古集市，指的是镇内的寺登街。从镇外停车场进来，一条长长的老街，走到尽头，就是寺登街的街口。老街的路面宽，中间和两侧人行道，分别用石板和石块铺设。两旁的建筑，或平房或双层，仿古的木结构，商铺、饭店、茶馆，一家挨着一家。“沙溪马帮菜馆”门前，有介绍“马帮菜”的牌子，如果不是刚刚吃过午饭，我们肯定要进去品尝。

▼ 走进寺登街，沿街排列的建筑，前铺后店……门面古色古香，就连牌匾也是旧时模样

寺登街的街口，立着一块巨石，上面的金字街名，标明它的身份特征。元末明初时，因街内有座兴教寺，一直被称为“南坛”，有“南面的佛坛”之意。明代永乐十三年（1415），兴教寺扩建后，“南坛”改称“寺登”，“寺”，当然是指兴教寺，“登”，为白族语“地方”的意思，从此，寺登街名一直延续至今。

仅这一“石”之隔，走进寺登街，立刻让人怀疑自己的眼睛：这就是茶马古道的原貌吗？街路变得狭窄了，据说还是明代时的宽度，路面的石板，凸凹不平，虽然有点硌脚，但我想一定非常适合马队行走。沿街排列的建筑，前铺后店，都是经商住宿的民房，如今仍然客栈林立，“茶马驿”“鳌头客栈”……门面古色古香，就连牌匾也是旧时模样。沿街多条小巷，伸向幽静的深处，引人无限遐想。路过“三家巷”时，我们忍不住走进去。巷子的尽头，一座精美的古门楼，傲然屹立，木雕檐下的匾额，“三家巷”字迹依然可辨，两侧有楹联“茶马道迎中外客，玉津桥渡古今人”，可见气度不凡。里面居住的欧阳、陈、杨三姓人家，当年都曾开设马帮客栈，茶马古道马蹄声消失后，这里也随之改为别用，如今旅游业兴起，带动了祖业恢复，沉寂多年的古宅院，摇身变成仿古客栈，其中的“欧阳大院”，被

▶ 沉寂多年的古宅院，摇身变成仿古客栈，其中的“欧阳大院”，被游客们戏称是茶马古道上的“五星级的马店”

◀ 小巷名副其实，宽不到5米，坚实的路面，显然是方便马帮行走

游客们戏称是茶马古道上的“五星级的马店”。大院建于清末民初，是寺登街最具白族建筑艺术的民宅，门在拐角处，石头结构，牌楼式造型，圆形拱顶，上方狮子浮雕，双层飞檐，楹联“欧脉钟灵地，阳光丽普天”，道出这个家族的美好憧憬。整座建筑由两个院落组成，“三坊一照壁”式样，典型的白族传统建筑风格，二层楼的“客房”，木雕门窗、彩绘墙壁，无不体现着精湛的技艺和民族特色。

我们担心迷路，没再往巷子深处走，返回主街，沿路继续观赏古街风貌。“白族风味火腿”，店面虽小，却惹人注目：两盏老式铁皮马灯，挂在门框上，一块粗糙旧木板，倚在门旁，上面的“初见沙溪”，刻迹模糊，想必是马帮时期的招牌。据说这种白族火腿，放置三五年仍可食用，当年马帮长途跋涉，火腿是他们必备的携带食品。小店对面的巷口，挂满客栈标牌，五花八门，看着就有趣。旁边有人介绍，寺登街有3个寨门，从这条小巷进去就能看到北门。我们一听，又来了兴趣，立刻走了进去。小巷名副其实，宽不到5米，坚实的路面，显然是方便马帮行走。沿路周围的民居，为清代以来各时期所

▲ 小巷笼罩在房屋阴影里，偶有行人走过，脚步悄悄，四周也更加幽静了

建，仍然保留当时的风貌，而且完整坚固，安静生活着百姓人家。小巷笼罩在房屋阴影里，偶有行人走过，脚步悄悄，四周也更加幽静了。走了很长一段，终于来到寨门前：两层的城门楼，整体用大块土坯砌筑，拱形的门洞，敞开不设防，呈现出广迎八方来客的姿态。

寺登街的初始布局，由3条巷道和四方街构成，至今基本没有大的改变，沿主街走到尽头，就是宽敞的四方街。

四方街呈长方形，长约300米，宽近100米，红砂石板的街面，蹄印斑斑，马帮的痕迹历历在目。一棵高大的古槐树，虬枝盘曲，遮天蔽日，阴影覆盖了半个街面，四周遍布寺庙、戏台、商铺、客栈等。这里就是寺登街古集市的中心，商品交易的主要场所，景物依旧，物是人非。街面多家商铺中，老马店的招牌，还是游客们的首选。露天的餐台，品茗呷咖，坐看云起日落，追忆古街的往日时光；“阿瑞奶奶的店”，货品琳琅满目，白族老人的身影，俨然当年茶马古道集市的再现。假如历史能够重现，一定是这样的情景：寺登街三天一个集市，到了那天，没等天大亮，提前到来的马帮们，

▲ 一棵高大的古槐树，虬枝盘曲，遮天蔽日，阴影覆盖了半个街面，四周遍布寺庙、戏台、商铺、客栈等

纷纷走出客栈、马店，将马匹驮来的茶、盐、药材、百货等物品，摆在街面上叫卖；镇内及周边民众，也成群结队赶来，就地兜售当地的土特产品；寺庙前，古树下，支起了各种小吃摊床，烟火缭绕，香气诱人；街边的铁匠铺、皮具店、裁缝铺等也都开张了，钉马掌的，卖皮具的，缝马鞍的，一家比一家生意火爆……最有资格见证这一切的，是占据四方街中心位置的古戏台和兴教寺，这两座悠久的古建筑，不但是古集市兴衰的亲历者，更是寺登街乃至沙溪古镇的两座地标性建筑。

古戏台坐东朝西，是一座综合性建筑，建筑主体是魁星阁，戏台是附属，前戏台，后阁楼，巧妙结合为一体，两侧还有配楼，至今仍然完整无损，保持着清代嘉庆年间始建时的面貌，现为国家重点文物保护单位。阁楼高三层，两重飞檐造型，与戏台飞檐相重叠，形成12个凌空飞角，酷似展翅欲飞的凤凰。近距离观赏，各部位的饰物，表面的彩绘，跨越200多年与你对视，真实得让人感动。可以想象出，马帮行走的年代，每到集市的日子，台上戏剧演出，台下人头攒动，锣鼓唱腔、骡马嘶鸣、买卖吆喝，各种声音混杂一起，不绝于耳，真可谓戏如人生，人生如戏，演绎着商品原始交易背景下的人间悲欢大戏。据说，沙溪以前还流传着这样的“规矩”，没有在戏台上演出的，不能称自己是沙溪人，可

▼ 古戏台坐东朝西，是一座综合性建筑，建筑主体是魁星阁，戏台是附属，前戏台，后阁楼，巧妙结合为一体

见在人们心目中，古戏台是多么神圣和重要。

兴教寺坐西朝东，与古戏台隔街相对，山门的两尊门神，体魄巨大，神态威严，让人望而生畏。大约在唐代，佛教密宗派的阿吒力教传入大理地区，逐渐成为白族人信奉的宗教。这座明代永乐十三年（1415）建造的兴教寺，是我国仅存的明代白族阿吒力佛教寺院。三进的院落，由大殿、中殿、观音阁等组成，其中大殿和中殿是明代的遗存。大殿又称万佛殿，重檐歇山顶，梁柱肥硕，斗拱浑厚，具有典型的明代建筑特征；二殿也叫天王殿，比大殿略低，单檐的悬山顶，两殿气势雄伟，巍峨壮丽。最让我惊叹和眼界大开的，是大殿内的大型壁画，共有20余幅，明代的永乐十五年（1417），由沙溪白族画匠张宝等人绘制，画面人物众多，色彩绚丽，题材也广泛，生动描绘出古南诏、大理国佛教故事及世俗生活场景，是古代白族绘画艺术的瑰宝。兴教寺是典型的西藏密宗庙宇布局，又保留了宋、元时期大殿式样遗风，同时还体现出白族传统建筑艺术风格，国内罕见，也被列入国家重点文物保护单位。

寺登街演变为沙溪的集市，大致在元代末期，而作

▼ 兴教寺坐西朝东，与古戏台隔街相对，山门的两尊门神，体魄巨大，神态威严，让人望而生畏

为茶马古道的必经之地，早在春秋战国时期，沙溪古镇就已名声大噪。随着附近铜矿的发掘，成就了沙溪青铜冶炼技术，使这里成为云南青铜文化的发源地之一。唐宋时期，南诏、大理国的建立，从宗教文化、地理位置等方面，为茶马古道的形成创造了便利条件。位于大理和丽江之间的沙溪，又因周边井盐的开采，一跃成为茶马古道的盐都，茶马贸易方兴未艾，又增加了盐巴这一重要商品，使古镇的贸易作用日益凸显，兴寺街集市应运而生。随着明清两代人口剧增，四方街也发展为集商贸与佛教文化一体的场所。

兴教寺旁有露天的茶座和餐桌，游客们散坐其间，有的在大快朵颐，有的在慢品细呷，我们也坐下小憩。店家是装扮很时尚的年轻人，攀谈几句，听我们是外地口音，他说自己是四川人，3年前过来玩了几天，便不想离开了，租了这间铺子，“乐不思蜀”，过起逍遥自在的生活。说话间，阳光更柔和了，整个四方街被橘红色光晕所笼罩，光影斑斓，扑朔迷离，宛如时空转换，眼前扑面而来的是茶马交易集市的景象……喝完一杯茶，说真的，我们也不想离开了。

▲ 四方街的东南，有两条古巷延伸出去，通向东寨门和南寨门

四方街的东南，有两条古巷延伸出去，通向东寨门和南寨门。按照店家小伙儿的指引，我们来到东寨门。寨门外不远处，是澜沧江的支流黑惠江，由北向南，环沙溪古镇而过。回头来看寨门，与四方街内古建筑相比，显得矮小又寒酸，土坯的墙体，门洞也狭窄，仅够两匹马同时通过，不过，两层的飞檐造型，仍不失古朴的气势。原寨门是石砌的，明代中后期所建造，多次毁塌重建，民国时期又遭洪水冲毁后，因寺登街马帮经济已萧条，无力恢复以前的碉楼式寨门，只能建起这般模样的土寨门，虽简单却也实用，又兼具防御功能，至今仍在使用。寨门外视野开阔，远远望去，黑惠江上的玉津桥，静静地守候着，期盼千百年前的马队还会蜂拥而至。古桥往东，直通大理，遥想当年成群结队的马帮，

川流不息，马铃叮当，就是从这座石桥出入四方街，然后又跋山涉水走向远方。

去南寨门的小巷，狭窄幽长，是原始的茶马古道，叫南古宗巷，路面中间铺条石，两边镶嵌卵石，虽斑驳破裂，依然坚固如初，并不影响行人正常通行。两侧的店铺，还是旧时面貌，门饰古朴，散发着浓浓的陈年商业气息。我注意到，铺面多为年轻人经营，也许因顾客不多，他们或刷手机，或闭目沉思，见我们从门前经过，也不刻意吆喝，闲情逸致，悄然打发着时光岁月，陪伴同样沉默无语的古镇。店铺彼此相连，几乎没有岔路，看到一个石头小道，斜下伸向巷内深处，颇让人奇怪。原来，每当雨季到来，黑惠江河水泛涨，玉津桥无法通行，马帮不能从东寨门出入寺登街，镇上人就开辟了这条便道，以防马匹打滑摔跤，还在陡坡上铺设沙溪最坚硬的石头。千百年来，石面被踩踏得凸凹光滑，上面的马蹄印迹却清晰可见。

▲ 南寨门处通往古代的井盐地区，寨门仍是明代始建时的原貌

南寨门通往古代的井盐地区，寨门仍是明代始建时的原貌：碉楼式建筑，土木结构，上下两层，二楼设有瞭望孔，防御性能更强。我猜想，另外那两座寨门，原来也是这种防御造型，防范匪盗抢劫偷窃，寨门一关，再驻人守卫，寺登街集市的货物就安全了。寨门内几家客栈和店铺，建筑样式和装饰风格，与古寨门浑然一体，如果再有络绎不绝的马帮穿门过巷，岂不是茶马古道的情景再现吗？

沙溪镇居民绝大多数为白族。白族主要聚居在大理这一带，他们有自己的民族语言，自古以来一直使用汉文。白族在艺术造诣方面独树一帜，其建筑、雕刻、绘画等扬名古今中外，源于唐代的白族洞经古乐，流传至今仍保存在沙溪民间。洞经古乐融合了儒、道、佛家及宫廷音乐成分，庄重典雅又活泼明快，马帮时代的寺登街古戏台，经常会看到沙溪人上去表演。白族人崇尚白色，以白色衣服为尊贵，传统的服饰特征主要体现在女

◀街上的妇女，头戴白色编织帽，身背竹篓，脚穿旅游鞋，完全是多民族的装束组合

性身上，白上衣，红坎肩，用绣花布或彩色毛巾缠头。我们在街上看到的妇女，大都头戴白色编织帽，身背竹篓，脚穿旅游鞋，完全是多民族的装束组合，我拿相机对准她们，也许是见多识广了，人家并不在乎你的拍摄。

世界纪念性建筑基金会（非营利性国际组织），每两年评选认定100处世界濒危建筑文化遗产目录，2002年我国的4座建筑被列入其中：中国长城、陕西省大秦宝塔和修道院、上海欧黑尔犹太教堂、云南沙溪（寺登街）区域。或许是客观因素的助推，此后的沙溪古镇，中外游客的身影多了起来，探寻茶马古道的热潮再度升温。徜徉在古镇大街小巷，我还发现一个现象，住在客栈里的游客，多数竟然是年轻人，这是我在其他古镇所少见的，他们或三五成群，或独自一人，闲散在街边店前，高谈阔论，欢声笑语，有的文艺范儿十足，举着录像机，端着手机架，满街跑来跑去，拍摄录制自媒体节目。

喝普洱茶多年，每每端起茶盏，我便会萌发幻想：茶马古道，该是一条多么神奇之路。此次沙溪古镇一游，了却我多年的向往和思念，足矣。

古树夕阳斜，晨钟马蹄疾，我相信，茶马古道的故事将会一直流传下去。

白族民居博物馆

喜洲东临洱海，西枕苍山，是一座白族人聚居的千年古镇，百余座明清以来的宅院，保存完整，被称为白族民居建筑的博物馆，也正是我梦寐以求的地方。我们下榻大理古城，早饭后出发，20公里的距离，开车几脚油门就到了。

镇门口停有电动三轮车，十几辆排成队，专为游客准备的，花50元，拉你在镇里转一圈儿，还不限时间。为了节时省力，我们也租了一辆，车主是位中年妇女，身体敦实，话音响亮。上了车，她说我们租车就对了，全镇面积大，走步太累不说，半天也转不出来，几个老院落又建得分散，没人领着不太好找得到。听她讲话实在，我们相信。

坐上三轮车，就融入古镇的生活。乡间的清晨是忙碌的，满眼是匆匆穿梭的身影和快速移动的脚步。早市还没散尽，街旁一排店铺，有摆摊的，推车的，挑担的，新鲜蔬菜、鱼虾禽蛋、面制食品，还有闪亮的银饰、精美的刺绣、编花、木器、缝纫、家电修理、日用百货……犹如城市里的大超市。再看集市里的人群，居民、农民、渔

▶ 乡间的清晨是忙碌的，满眼是匆匆穿梭的身影，快速移动的脚步

家、商贩，男女老少，衣着鲜艳，晨光映着一张张脸庞，喜笑颜开，盈满生活富足的神情。三轮车走走停停，避让着行人和车辆，也让我们饱览了白族人的市井生活场景。

车主当然是白族，家就在镇内，是古镇土生土长的人兼职做导游。穿大街过小巷，她不停地介绍着，让我们对喜洲历史和现状有了比较清晰的了解。

古镇逐渐恢复平静。石板街路洁净，两侧民居更为素雅脱俗。白族民居，以白色为主色调，多为二层小楼，筒板瓦盖顶，前伸重檐，墙角、门楣及窗下等部位，镶嵌刻有几何线条和麻点花纹的石条点缀，外墙普遍粉刷白色，山墙和屋角绘有水墨图画，装饰效果别致。山墙顶部尖呈三角形，用水墨绘以云纹、如意纹、莲花、菱花纹等吉祥图案。一路我们亲眼所见，不论是明清、民国时期，还是当今建造的建筑，其外形式样、装饰工艺、结构类型，以及表面颜色等，灰瓦、粉墙、画壁，民族风格基本保持一致，这在我国民居建筑史上可谓独一无二，也是白族传统文化历史进程的主要载体和鲜明印迹。

▲ 古朴典雅而又不乏自由洒脱的质感和美感，被视为白族民居的标志性装饰建筑

喜洲白族民居，同属大理地区普遍的建筑类型，具体说来，大致有“三坊一照壁”“四合五天井”“一进两院”“一进四院”等，主房东向或南向，3间或5间。基本和常见的是前两种式样。

先来欣赏“三坊一照壁”。整座建筑为院落，一般包括坐北朝南的正房（一坊），两侧东西厢房（两坊），一面照壁。正房和厢房大都三间两层以上，底层普遍带有厦廊。依我的观赏眼光，照壁最能代表白族的建筑文化特色：简单的一面粉墙，一高两低，瓦顶飞檐，表面丰富多彩，或书写箴言警句，或嵌大理石屏，或用水墨加粉彩绘制山水图，四周勾描各种图形。壁下常砌有花坛，鲜花簇拥，香气四溢，其几近完美的造型，独具特色的彩绘，给人以庄重雄浑而又不失轻巧灵

▶ 镇内各种建筑，全部为白族民居的特征，完全是一个整体的民族建筑群，鳞次栉比，整齐排列在条条街巷

透，古朴典雅而又不乏自由洒脱的质感和美感，被视为白族民居的标志性装饰建筑。

而“四合五天井”与“三坊一照壁”的不同之处，是去掉了正房面对的照壁，取而代之的是又一“坊”，围成一个相对封闭的四合院。厢房的4个角，各有一个漏角小天井，加上院中的大天井，共有5个天井，俗称“四合五天井”院落，内部的结构布局，有别于北方的四合院，空间感更为舒畅，居住环境更为惬意。

三轮车转动前行，眼前的阔院深宅，犹如立体的水墨丹青画卷，一幅又一幅缓缓映入眼帘，让我们陶然忘机，深深陷入古典建筑的大美意境中。

镇内各种建筑，商用或是民宅，无一例外，全部为白族民居的特征，完全是一个整体的民族建筑群，鳞次栉比，整齐排列在条条街巷。有的独立成院，有的数院相连，平面呈方形，白墙硬山顶，飞檐翘角。白族民居注重大门用材和装饰，青石基座，棱角分明，木门斗拱出挑，整体为门楼式造型。白族民居建筑，释放出的古朴、飘逸之美，其文化历史背景悠久而深厚，是生活在苍山洱海间的人们伦理学、民俗学、建筑学的结晶。也许只有在这人与自然和谐共存、田园牧歌的诗意与商业经济的财富相融合的地方，才能建造出如此唯美的民居

建筑。而且，你还会感觉到，每座庭院外观儒雅，高墙内幽深神秘，不知藏匿着多少鲜为人知的故事。

喜洲人天生具有经商意识和才能，千百年来积累的财富，堆砌成古镇的高墙广厦，也体现在建筑内外的装饰方面，尤以“三雕”最为普遍和经典，是白族民居独有的建筑艺术符号。大理地区的木、砖、石三雕，雕刻技艺精湛，以木雕和石雕最为突出，闻名遐迩。木雕刀法多样，娴熟精细，衔接处几乎看不出一丝缝隙。我们沿路所见，喜洲的木雕制品，广泛用于门窗、吊柱、栏杆等处，尤以格子门窗最为醒目，图案多种多样，融合了白汉两族民间木雕传统艺术的精髓，工艺以透雕和圆雕为主。相比于木雕，喜洲的石雕装饰更为普遍。大理石，采自大理岩，原指大理地区带有黑色花纹的白色石灰岩，因为质量好，后来逐渐把带有各种花纹的石灰岩统称大理石，而其中纯白色的则称为汉白玉。大理的石雕，有着得天独厚的条件，也造就了一代又一代的喜洲石雕匠人，一块普通的石材，经过打磨和雕琢，神奇地显现出各种精妙的图案：山川、云朵、河流、花鸟……虚实相生，浑然天成。特别各家院墙内的一座座照壁，那种奇妙，那种意象，会让你浮想联翩，品味起来余韵无尽。喜洲的白族民居，是古镇历史进程的亲历和见证者。早在隋唐时期，这里叫作“大厘城”，是南诏古国（大理国的前身）的“十睑”之一（睑，与州大致相当），为洱海西岸白族政治、经济、文化的重镇，也是白族工商业发展的摇篮。到了清代晚期，著名的“喜洲商帮 ”驰名三迤（云南省），他们活跃在药材、布匹、茶叶等各个行业，众多商号甚至遍及全国及东南亚各地，这样的一批民族资本家，以“严、董、尹、杨”四大家为首，以家族为中心积累的财富，最终大部分成就了今日可见的白族建筑遗产，其中以“严家民居”“七尺书楼”“赵府建筑群”“杨家大院”等最具代表性。

我们首先来到“严家民居”。门票30元，提供导游讲解。走进石砌的翘角飞檐大门，我看里面并非古建筑，心里疑惑，导游解释道，严家祖传的房产叫“严家大院”，位置在四方街附近，是严氏祖先严子珍于1919年建造的，现改为“严家大院博物馆”，主要展出严家以前的生活用品及白族的民俗文物等。严子珍是清末民初喜洲商帮的翘楚，“永昌祥”商号的创办人。他创制的下关沱茶，经茶马古道远销海内外。当然，历经公私合营和市场化改革后，这个品牌早已不属“永昌祥”了。自从我开始喝普洱茶，一直以下关沱茶为主，每年都买新茶储存，今天才算找到了“源头”。而眼前的“严家民居”，则是20世纪初的建筑，主人叫严学侯，严家第20世后裔，20世纪60年代的大学生，改革开放后，他曾任喜洲镇的镇长，为传承和发扬白族的优秀文化，努力开发家乡旅游资源。他采用最地道的白族建筑工艺，建起这座典型的白族风格的建筑群——“严家民居”，也因此，他成为白族建筑非物质文化的传承人。我们跟随导游的脚步，边听她的讲解，边开始参观这座迷宫般建筑群。

“严家民居”由3个院落组成，集中了白族民居建筑的主要典型样式。一进是“三坊一照壁”，仅看门楼的雕刻，石雕和木雕完美结

▶ 严家第20世后裔，为传承和发扬白族的优秀文化，采用最地道的白族建筑工艺，建起这座典型的白族风格的建筑群——“严家民居”

▲“严家民居”由3个院落组成，集中了白族民居建筑的主要典型样式

合，层叠剔透，雕功细腻，图案和色彩素雅，带有鲜明浓郁的民族特色，完全是一座雕刻建筑艺术的精品。门楣上的“侯庐”二字，取主人名中的侯字，庐则含有谦虚之意。庭院内的照壁，造型宏大，石雕图案精致，色彩艳丽，正中墙面白色，题写蓝色的“富春家声”字样。白族民居照壁上的题字，一般为3类内容：一类是表达心愿，如福寿康宁、人寿年丰等；另一类为描绘景色，主要是民居的周边，如玉洱银苍、彩云南现等；再一类是引述典故，也是最讲究的，一是要与主人的姓氏相关，二是其中的故事是该家族的荣耀。“富春家声”，即是严姓，喜洲严姓的先祖严子陵，东汉的高士，少时与刘秀（后来的汉光武帝）是同窗好友，刘登基后想起严，多次召其为谏议大臣，严婉拒并隐居富春江一带，终老于林泉间，被后世传颂为不慕权贵追求自适的榜样。所以，白族民居的每座照壁，就不单是一堵墙了，它体现的是“家风文化”，透过这些题字，便能感受白族人传统家风的教育和传承。过了天井，二进院落是“四合五天井”格局，称为“侯民居”，后院称“开立园”。前两院组成“一进两院”的“六合同春”格局，楼上是通廊的“走马串角楼”，后院二楼名

为“叠锦楼”。白族“五凤楼”格局，彼此连贯成整体，一路走过来，俯瞰前楼后楼上下两层，白族民居庭院风采尽收眼中：斗拱雀替、泥塑彩绘，彩画墙壁、透雕木格窗……不仅是传统建筑技艺的展示，更是了解白族民俗文化的窗口。院里有一个舞台，是白族三道茶等民俗表演的场所。

▲“喜绣坊”，一座古色古香的小庭院，清幽的院内，栽种了很多绿植，石板地上，晾晒着雪白的蚕茧

▲俯瞰前楼后楼上下两层，白族民居庭院风采尽收眼中

领略完“严家民居”风采，对其他的“大院”，我们只是稍做停留，没必要再详细参观了——

“七尺书楼”不对外开放，1526年前后的建筑，也是“三坊一照壁”样式，当时的主人是明代著名文人杨士云。我问导游“七尺”是何意？导游介绍说，杨氏家族世代为喜洲人，本人正德丁丑（1517）考中进士，以文改翰林庶吉士。他为官清廉，回归故里后，终日坐卧简陋的书房，专心读书著书，直至去世。他看淡功名利禄，认为即使腰缠万贯，死后也仅有可容纳七尺之躯的坟墓而已。后人为纪念这位学富五车、才高八斗、极讲气节的先生，清代和民国年间多次重修这座书楼，使其依旧保存明代的建筑风格，并以“七尺书楼”命之。

“杨家大院”，1948年落成，也是典型的“三坊一照壁”“四合五天井”格局，主人为喜洲四大家中的杨家。现在的整座建筑由一对外国夫妇开设为高

档客栈，我们只能站在门前，欣赏其精美的门楼，窥视不到里面的格局。

“赵府”，位于古镇中心地带，清代道光年间的建筑，主人是嘉庆年间的进士赵廷俊，他为官有能，造福一方，告老回乡后，教导子弟读书重教，热心乡里慈善事业。这座大院为“四院五重”的建筑格局，各个院落既自成一体，又相互贯通。如今仍有人居住，不知是否赵氏后人，门楼很破旧，我们也不便进去参观。

路过“喜绣坊”，一座古色古香的小庭院，导游劝我们进去看看，她在门口等着。清幽的院内，栽种了很多绿植，石板地上，晾晒着雪白的蚕茧，左边的茅草棚里，几个年轻的绣娘，专心致志手里的绣品，空气中似乎弥漫着淡淡的诗意。

导游告诉我们，喜洲有个网红打卡地，我问在哪儿？她说到地方就知道了。来到两条小巷的相会处，她指着路旁半圆形的建筑说：

▼ 白族民居建筑群中，突兀一座造型如此另类的西式建筑，丰富了喜洲古建筑的欣赏情趣

“就是这座转角楼。”果然，很多人在此拍照，多是靓丽的少男少女，而且还有拍婚纱照的。我等了好一会儿，瞧见人少了，才端起相机拍了几张全景图。这座三层的小楼，建于1945年，一层圆檐上的外墙，全部用竖条木板拼接，如同巨大的木桶，悬空立在巷口。楼下是“喜洲照相馆”，沿街还有文创类产品的小店，满满的小资情调。白族民居建筑群中，兀然一座造型如此另类的西式建筑，丰富了喜洲古建筑的欣赏情趣。据导游讲，游客来喜洲，必须到此拍照留念，以证明到此一游。我们听了，当然也不能错过，规规矩矩留下了纪念照。

到了“四方街”，导游下了车，说这是最后一个“景点”了，让我们可稍做休息，购物或者品尝小吃。云南的“街”，是集市的通俗叫法，滇西这边古城镇中的集市，都是略呈方形的大小广场，兼有商贸、游览、休闲等多种功能，往往又是该地的历史街区，一般都称其为四方街。喜洲的这个四方街，在滇西古镇中最负盛名，位置不仅在镇中心，4条主街交会处，而且面积超大，约有1万平方米。广场中间，立有一座高大的牌坊，显然是近年所建，三间两层，整体为大理石，正中镌刻“题名坊”大字。严格说来，此坊属于旧址复建，原坊为明代时的建筑，上面碑刻题名各朝代获得科举功名的喜洲人，举人、进士、翰林数以百计，现已损毁。这座新坊上面，又增加了近现代喜洲商帮四大家、八中家和十二小家创业者的名字，用他们白手起家的创业故事和商业传奇，诉说古镇往昔的荣光，激励当代喜洲人发

▶ 滇西这边古城镇中的集市，都是略呈方形的大小广场，兼有商贸、游览、休闲等多种功能，往往又是该地的历史街区，一般都称其为四方街

扬传统，再创辉煌。

牌坊东西两侧，摆满早出晚归的杂货、小吃摊点，我们看到有空座位，便坐下休息，虽然不消费，摊主也并不嫌弃，还和你主动搭讪。广场四周，全是传统商铺，货品琳琅满目，有刺缵品、印染花布、银首饰、编织品、木器、古玩等。广场人流也旺，而且以当地人居多，几个特色小吃店，更是食客盈门，特别是“喜洲粑粑”，央视《舌尖上的中国》报道后，价格上涨，店铺增多，生意格外红火，我们买了甜味的，外皮香酥，里面绵软，果然美味十足。

网上流传一个说法：喜洲镇是电影《五朵金花》的故乡。我查阅过资料，其实，当时的外景地在吉林省，连蝴蝶泉也是在摄影棚里搭设的。但人物故事取材于喜洲，所以，说此地是这部电影的故乡，绝对没错。比如这位担任我们导游的三轮女车主，从她那善良爽朗的性格看，难道不是“五朵金花”的后代吗？

喜洲古镇白族古建筑群，现在已是全国重点文物保护单位，它不但是白族民居建筑的博物馆，也是云南商贸文化历史的重要源头，甚至有学者认为，从滇文化的发展轨迹看，先有喜洲，后有大理；先有大理，后有云南。

云南白族第一镇，我们来过了。

苍洱风光第一镇

▲ 游览双廊古镇，不会迷路，一条主街，从头走到尾，即可

游览双廊古镇，不会迷路，一条主街，从头走到尾，即可。

这条主街南北走向，西面濒临洱海，东面靠近大丽高速公路，古镇被"拉"成条状，两侧街巷纵横，散落着百余处白族明清时期传统民居院落。我们从北口进来，沿街漫步，浓郁的异族人文景物，带给你的视觉一种清新的审美感受。

双廊镇的居民，是由6个民族组成的大家庭，80%以上为白族。建筑也以白族民居为主，虽然年代不同，全都延续千百年来的传统风格。沿街的商铺，餐饮、住宿、普洱茶店、白族服装、银饰加工等，门类多种多样，装饰也各具特点，既保持着民族特色，又凸显商业符号。路旁一家饭店，雅名"朗月居"，偏又添挂"双廊地主家"标牌，还说明是"到地主家吃饭，喝地主家花酒"，游人经过时，都会停下脚步，即使不进去消费，也会开心一笑。走在麻点斑斑石板路上的人群中，当地人和外来游客，仅从衣着和服饰上，你一眼就能区分开来。在我的相机镜头里，最靓丽的是当地的女人，路上行走的，石阶上闲坐着的，人人身着民族服装，以白色为基色，搭配水红、粉蓝或黑色，无领大襟衣，长短的围腰，恰到好处显示出女性柔美的体态。尤其是她们的头饰，你若仔细观瞧，更是美艳无比——“风花雪月”，是大理风貌的四绝——下关风、上关花、苍山雪、洱海月，当地女人竟把它们“戴”到了头上：垂下的穗子，轻盈摇曳，象征下关风；绚丽的刺绣图案，代表上关花；白色的帽顶，宛如苍山上的白雪；整体弯弯的造型，恰似一轮弯月，象征洱海明月。这种头饰，是典型的白族传统样式，也是女人们的最爱。除此之外，街上还随处可见到头系扎染的花布头帕的女子，姑娘编辫盘于头顶，已婚者则多绾发髻，还有戴小帽或“鱼尾帽”的，真是一道道美丽怡人的风景线。我还发现，白族女人大气，谁都不躲避你的镜头，任你端着照相机，或抓拍或偷拍，记录下每个瞬间即逝的难忘倩影。

双廊建筑的精华，隐藏在两侧小巷内，随意走进一条，就会让你满眼生辉。西侧巷子通向洱海，房屋建得更为现代，白墙、照壁，水墨图案，花团锦簇，传统的白族民居，仿佛都换上了新装。石铺甬道走到水边，洱海万顷碧波，水面雾气蒙蒙，岛屿、苍山隐现，水天一色。回头再看，岸边的别墅类建筑在阳光下与水面影像交相辉映，形成一半在陆地、一半在水中的奇异效果。

双廊镇原是一个小渔村，如今双廊村建制还在。紧邻主街的村口广场上，一座雕梁画栋、檐角飞翘的古戏台，咋看完全是文物级别的建筑，如果没有台下的“说明”，你绝对想象不到，这是2000年复建

◀ 这种头饰，是典型的白族传统样式，也是女人们的最爱

▼ 双廊建筑的精华，隐藏在两侧小巷内，随意走进一条，就会让你满眼生辉

的清末时的戏台。广场上围坐着几个老妇，正兴致勃勃地打牌，个个面容慈善，笑靥如花，我们简直被迷住了，装作看打牌，却在悄悄欣赏她们的服饰：蓝色扎染头巾，上面绣着白花纹，全身素装，唯有绣花的围腰飘带，如一抹亮丽的彩霞，闪动着青春不老的生命韵律。也许，这就是她们的天性，美丽是白族女人一生的伴侣，时光如水，岁月如歌，永不衰老的是心中燃烧的激情。据旁边一位老人讲，每年的正月初一到十五，戏台上都有演出，全是白族的传统曲调和歌舞，到时候你们再来看吧。

双廊镇历史悠久，远在唐宋时期，这里即是南诏大理国的重要军事要塞和水军基地，在玉几岛上，至今还能看到当年的历史遗留。洱海有3个小岛，都在双廊镇范围内，玉几岛为其中之一，一座长仅200多米的石桥，是观赏苍山洱海风光的最佳之处。玉波阁是进岛的

▶ 广场上围坐着几个老妇，正兴致勃勃地打牌，个个面容慈善，笑靥如花

▶ 玉波阁是进岛的门户，三层的楼阁，始为明代建筑，后经数次毁建

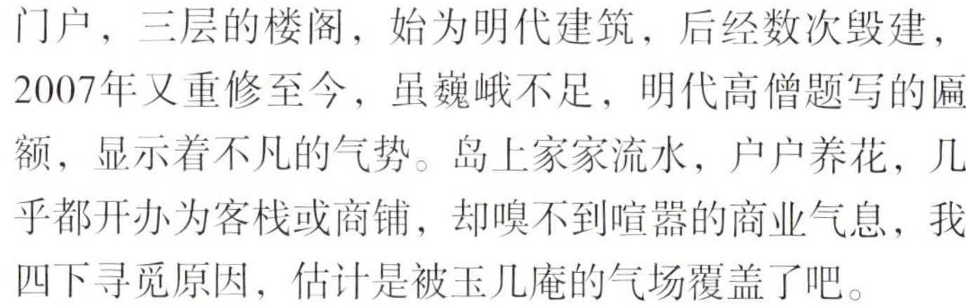
门户，三层的楼阁，始为明代建筑，后经数次毁建，2007年又重修至今，虽巍峨不足，明代高僧题写的匾额，显示着不凡的气势。岛上家家流水，户户养花，几乎都开办为客栈或商铺，却嗅不到喧嚣的商业气息，我四下寻觅原因，估计是被玉几庵的气场覆盖了吧。

玉几庵是岛上资格最老的建筑，为南诏大理国初期所建，相传当时的开国皇帝去世后，其后妃便来此庵出家，并改名为玉几庵，她潜心修行，后来得道成仙，玉几岛也因此而得名。现在这座建筑，应该也是近年复建的，院内仅存一株原来的古柏，默默守候着往日的寂寞。如今庵里香火旺盛，每逢农历初一、十五，便有老人来此吃斋念佛，诵经祈福。

玉几庵的后面，就是国内著名舞蹈家杨丽萍的“太阳宫”，位居岛的顶端，多层的现代楼阁，临水依岩而建，原是她的私人别墅，现改为“杨丽萍艺术空间”，对外展示云南以原创为主的艺术设计、手工制作的服装和配饰及相关的生活美学等。我想，这样一改的最大功效，在于没有生活垃圾排放，减少了对洱海的污染。现在，这里成为双廊镇的一张文化名片，引得众多游客慕名而来。站在这里环视，果然风光无限：远眺苍山十九峰，天光云影，雾气缭绕；南诏风情岛、金梭岛，触目

兴叹，恍若仙境；脚下碧波万顷，水光潋滟，渔舟自横——唯有此处，才能真切感受“大理风光在苍洱，苍洱风光在双廊，双廊风光在玉几”所言不虚。

欣赏完苍洱美景，不能忘了游览古炮台。清代咸丰、同治年间，农民起义军屯兵玉几岛上，并设立水师，在金龙洞上面修建炮台，战炮早已沉入洱海，现在仅存炮台遗址，供后人凭吊。炮台下的金龙洞，是喀斯

▼远眺苍山十九峰，天光云影，雾气缭绕

▲ 从玉几岛出来，沿着湖边向南走，是双廊镇最美丽的风景线

特地貌形成的溶洞，岩石层叠，下连水面，传说有人曾看到“龙”在洞内显身，故称金龙洞。我童心萌发，下到了洞底，抬头再看洞口，轻风拂来，枝叶摇曳，体验到了那种别有洞天的情趣。

说双廊镇名的由来，还要先来了解洱海，原本是湖，为啥叫海？云南的十八怪中，其中一怪就是“湖泊称作海”，所以海的叫法，源于云南地方习俗；又因湖面形如人耳，洱海的名字便流传下来。烟波浩渺的洱海，绵延9个弧形岸畔，也叫九曲，双廊北有“萝莳曲”，南有“莲花曲”，将镇前的玉几岛、金梭岛环抱其间，“双曲”又“双岛”，有“双廊”之称，古称“拴廊”的小渔村，清代咸丰年间便改称为双廊。

从玉几岛出来，沿着湖边向南走，是双廊镇最美丽的风景线。石雕护栏，鲜花簇拥，在碧绿的湖水映衬下，组合成艳丽夺目的色彩。一顶顶巨大的白色遮阳伞下，围着一组组温馨的桌椅，品茶观景，是洱海之畔不可多得的优雅之处。更能吸引游客兴趣的，应该是湖边一幢幢酒店、宾馆，造型时尚，富丽堂皇，完全是大都

▶ 湖面上的南诏风情岛，近在眼前，全岛面貌一览无余

市的奢华场面。我们虽没打算留宿，完全可以想象出，傍晚或清晨时分，坐在宾馆的露天阳台上，可以尽享古人“欲穷千里目，更上一层楼”的无穷妙趣。

我们走累了，坐在游船码头旁小憩。湖面上的南诏风情岛，近在眼前，全岛面貌一览无余，可不知为何，我们却不想登船上去了，呆呆地望着远处，任凭想象涌入脑海。该岛静卧在洱海中部，位置得天独厚，占尽苍洱的无限风光。我知道，岛上有汉白玉观音立式雕像，近18米高；南诏王避暑行宫，是岛上的主体建筑，采用唐代和吐蕃的建筑风格；还有白族本主广场、太湖石群等景观，汇集了白族传统文化的精髓，浓缩了南诏大理国的皇都风采。

码头处有电瓶观光车，可以原路坐回来。一路上走走停停，因为总有人搭乘，而且还不买票，我问了司机，原来他们都是镇里人，可以免费乘车，也算是景区给乡人提供了一项福利。

离开双廊之前，我们还没忘这里的美食，坐在路旁小店，点了两盘特色菜肴：宫保饵块、清炒水性杨花。边品尝边问店家，原来水性杨花指的是海菜花，我国特有的水生植物，只能生长在纯净的水质中，根茎漂浮在水下，花朵在水面随波逐流，营养价值高，味道鲜美，近几年随着洱海水质的好转，这种植物也逐渐多了起来；饵块是用大米制成，经过蒸熟冲捣等程序，可炒、卤、蒸、炸等，云南十八怪中就有“米饭饼子烧饵块”。

和顺顺和

退休前在岗工作时，有段时间帮助乡村建立“农家书屋”，偶然闻听远在云南的腾冲，有一座创办于1928年的全国农村最大的图书馆，甚感惊讶和敬佩，后来又了解到，图书馆是在和顺古镇。多年后的今天，刚一走进这里，我就急不可待地寻找它的影子。

昨天夜宿腾冲市内，距和顺古镇仅4公里，今晨早饭后出发。停

▼ 和顺古镇前开阔地上，立有几座石牌坊

▶ 白壁青瓦，造型优雅，再匹配拱门上“鸢飞鱼跃”题字，恰似一派江南水乡的甜美风光

车场在镇外，进镇有免费电瓶车接送。放眼四周，一马平川。镇前开阔地上，立有几座石牌坊，虽为近年修建，复古造型，工艺精湛，就连坊上的题字，也让人肃然起敬：“和顺顺和”“文治光昌”“冰清玉洁”……一条小河环绕，新旧两座石拱桥，形如双虹卧波，故名双虹桥。老桥始建于明代嘉靖初年，清代光绪十年（1884）重修，新桥建于1921年。建造年代不同，职责却一致，共同守护着身后的和顺古镇。两桥相距不远，桥头那边，各有一座牌楼拱门，白壁青瓦，造型优雅，桥畔古树成荫，桥下鸭群戏水，再匹配拱门上“鸢飞鱼跃”题字，恰似一派江南水乡的甜美风光——我们疑惑了：这里可是西南边陲之地呀。

和顺古名“阳温墩”，明末改称“河上屯”，因为有河绕村而过，又改名“河顺”，后来取“士和民顺”之意，雅化为今天的镇名。明代初期，朱元璋实行屯边政策，调集军队驻守云南边陲，和顺现在的居民，多是这些官兵的后代，祖籍中原、江南、四川等地。600余年来，世世代代的和顺人，兼收并蓄，将内地儒家传统与当地民族文化相融合，创造出一枝独秀的辉煌历史，不但富甲一方，而且文化奇特，并成为展示中华文明与南亚、西方文明交融的窗口。所以说，了解了和顺的前世传奇，面对眼前呈现的这幅江南水乡图画，就不会产生疑惑了，而且更有待我们去打开它今生故事的美好画卷。

从老桥的拱门走进去，让我惊喜的是，迎面就是和

▼ 图书馆建在高坡上，几十级台阶之上，传统牌楼式大门，飞檐展翅，一飞冲天

顺图书馆哪！

几十级台阶之上，传统牌楼式大门，飞檐展翅，一飞冲天。拾级而上，我如朝拜圣殿般，下意识地放缓了脚步。抬头仰看，檐下巨大的匾额，蓝底白字，笔力遒劲。图书馆的历史，还要从这块巨匾开始说起——1919年，受五四新文化运动影响，和顺海内外的进步青年成立了“崇新会”，创办刊物，抨击时弊，反对封建，并在家乡创立了“阅书报社”。1928年，他们将其扩建为图书馆，并请本乡举人张砺题写一块匾额，作为“和顺图书馆”设立的标志，从此，这块巨匾就一直挂置在这里；到了1938年，建馆10周年之际，建成五开间的中西合璧式主馆和中门，胡適、熊庆来、李石曾等诸多文化大家欣然题字；1980年，政府将其纳入公共图书馆建制，成为文化事业单位；1998年，又在主馆后面建一藏书楼；1999年，将文昌宫、土地庙、三元宫划归图书馆，至此，就是目前呈现人们

▼ 抬头仰看，檐下巨大的匾额，蓝底白字，笔力遒劲

◀ 两层的主馆建筑，整体为木结构，正面两侧突出两个半六角亭，造型别致

◀ 馆门敞开，居民可随便借阅，也对外供游人参观

◀ 主楼后面的“藏珍楼”由和顺华侨捐助

面前的图书馆全貌。大门的上方，又有一块“文化泉源”大匾，是1988年建馆60周年庆典之时，由和顺籍的海外华侨赠送的，与檐下那块匾额近在咫尺，却是一个漫长的甲子岁月。跨进大门，再登台阶上去，才是图书馆的院落，1938年修建的中门，平顶拱形的西式造型，门额悬挂胡適先生题写的馆名。院内为小花园，花木扶疏，布置典雅，两层的主馆建筑，整体为木结构，正面两侧突出两个半六角亭，造型别致，门窗则为西式设计。馆门敞开，居民可随便借阅，也对外供游人参观。馆内一架木屏风上，刻着《馆藏图书简介》，分为古籍文献、民国文献、地方文献、现代文献等几部分，共计11万余册，以其中的古籍最为珍贵。馆内环境优雅素洁，窗明几净，坐在这里看书阅读，无疑是美妙的身心享受。目前，馆内又增设了电子阅览室，步入高科技信息化时代，以满足更多年轻人的需求。

主楼后面的“藏珍楼”，就是1998年由和顺华侨捐助的藏书楼。二层是钢混结构，外形既古典，又具时代色彩，承载着海外赤子的拳拳之心。

当然，仅从规模和藏书量上看，这个乡村图书馆，在当今图书馆的汪洋大海里，仅是一朵小小的浪花，但不要忘了，它起始于20世纪20年代，立足于当时文明比较落后的西南边陲，是中国农村举世无双的第一座图书馆，历史价值永恒。如此详细描述这座图书馆的全貌，完全出于我对它的敬重，也想让它的影像牢牢印在自己的心田。

大门两侧的对联“高必自卑合德智体而并育，小能见大通天地人者为儒”，很有哲理，看了令人深思。从门前的介绍看，这座清代道光年间的建筑，由大殿、后殿、魁星阁等组成，院内有和顺两朝科甲题名碑，记录了明清两代取得功名的和顺人，共计809人，其中举人8位、秀才600余位。1909年，此地即开办了小学堂，1940年又创办了益群中学，可以说是和顺的教育摇篮。

图书馆的周边，还有“滇缅抗战博物馆”和“弯楼子民居博物馆”，我们决定先去参观，了解和顺更多的历史背景，然后再去游览古镇今天的面貌。

滇缅抗战博物馆所在地，是当年远征军二十集团军司令部原址，规模不大，却是我国首个民间出资建设、民间收藏、以抗战为主题的博物馆。滇缅抗战是世界反法西斯战争的重要组成部分，是中国远征军和中国驻印军与美、英盟军歼灭日本侵略者的战场，是中国人民在近现代史上第一次将侵略者赶出国门的战斗。我看过余戈的《1944：松山战役笔记》，对这段历史似乎有了更直观的印象。展馆最早是明清时期的土主庙和三元宫，三进四院，一座完好的古建筑。展览分为五部分：山河破碎、悲壮远征、沦陷岁月、剑扫烽烟、日月重光。通过诸多文物和大量的老照片、纪录片、史实资料等，真实再现了那段不堪回首的历史。2005年7月7日，博物馆开馆，央视《面对面》栏目曾在此做过专题节目，在全国产生了广泛的影响。从展馆出来，我眺望远处雾气蒙蒙的山峦，那里就是曾经的抗日战场，腥风血雨，换来今天的福满人间。

和顺先民来自四面八方，民居住宅风格多样，现有清末民初老宅100多栋，“弯楼子”不仅是一个缩影，也是其中的建筑典范。它的原主人在腾冲商界声名显赫，是著名商号“永茂和”的李氏家族，清代道光年间即赴缅甸谋生，经过5代人的努力，100多年的经商创业，发展为一个显赫的跨国商号，总部设在缅甸，国内多地设有分号。这座庭院组合式建筑群，顺巷而建，因巷道弯曲，当地人叫它“弯楼子”。三进三坊一照壁的结构，布局紧凑，装饰简朴，现在辟为“民居博物馆”，里面的家具、文物摆放随意，主要是通过图片等，展示主人的家族史及和顺的民居文化。屋内仍居住李家后人，据说是一位老奶奶，独自守护着老宅，家族成员现有400多人，大多数都旅居国外。

▶ 和顺的旅游路线，以“陷河湿地”和“野鸭湖”为纽带，规划出一条蜿蜒的景观带，“和顺小巷”是起始点

▲石砌的水渠，河水潺潺而流，碧蓝如染，两岸绿树摇曳，姿态婆娑，掩映着白墙灰瓦、亭阁飞檐

和顺的旅游路线，以“陷河湿地”和“野鸭湖”为纽带，规划出一条蜿蜒的景观带，装进了古镇大部分精华。“和顺小巷”是起始点，仿古的门楼，两侧木刻楹联，描绘出前方的景色：一路沿溪花覆水，数家深树碧藏楼——据说这是陆俨少画作的款识，此处将“几家”改为“数家”，可能更为恰当吧。说小巷，是雅称，眼前的视野非常广阔，远山做背景，宽阔的石板路，路旁是石砌的水渠，河水潺潺而流，碧蓝如染，两岸绿树摇曳，姿态婆娑，掩映着白墙灰瓦、亭阁飞檐，一大片的复古建筑，几乎全归“大马帮博物馆”所有。

翻开和顺的近代史册，绕不开马帮奔走的身影。中国古丝绸之路，被世人所熟知的，应该是指北方丝绸之路，而西南丝绸古道，则比它要早200多年，战国时期就已开通，张骞出使西域时，就曾发现经西南运去的中国商品。西南丝绸古道以成都为起点，经宜宾、昭通、曲靖、昆明、楚雄到达大理，然后再经保山、腾冲通往缅甸、印度等南亚国家。腾冲是这条路上的重镇，和顺则是国内最后的“驿站”。北方丝绸之路运输工具是骆驼，西南这里则主要依靠马匹，马帮行业随之应运而生。历史车轮驶到明代，中原等地迁来的和顺移民，不甘边陲的落后生活，开始了“走夷方”的经商旅程。那个时代，南亚等地被称为“夷方”，和顺男人以出去闯荡创业、成就一番事业为立家之本，以赴缅甸做玉石生

▲ “大马帮博物馆”有两个展厅，大量的文物和图片，反映出当年马帮生活及和顺人的创业历史

意为主，有人又逐渐走向更远的世界。漫长的岁月里，“走夷方”成为和顺人重要的生存方式，涌现出一大批家族商号，产生了翡翠大王、棉纱大王、谷米大王等雄商巨商，而交通工具当然仍是马匹，和顺也因此被称作马帮驮来的翡翠之乡。“走夷方”开启了云南最早的商贸热潮，和顺也成为西南地区最大的侨乡，目前全镇人口7000余人，海外华侨就达3万多人。2000多年来，马

帮的往来穿梭，不但是物质的互换，更是文化的交流，中原文化、西南文化、南亚文化的融汇兼容，形成了和顺古镇独特的马帮文化，面前这个“大马帮博物馆”既是集中的反映。

“大马帮博物馆”有两个展厅，“马帮馆”和“走夷方馆”，大量的文物和图片，反映出当年马帮生活及和顺人的创业历史。据说这些珍贵的文物，都是当地一位收藏家的私人藏品，让我们这些参观者惊叹和敬佩。两个展馆样式相同，同为仿古木结构建筑，门檐柱上各有一副对联，是对展馆内容的精确诠释：“马帮载来朱波友谊，商旅送去华夏文化”；“和顺绵世泽半耕半读半贾，南服宁游踪亦儒亦商亦侨”。两馆中间是院落，复原成马帮的生活场景，包括戏台、雕像群、老式马灯、饮水石槽，而且还设置了茶座，游客可休息消费，顺便体验一下“马锅头”的感觉。

走到水渠折弯处，眼前仿佛是趣味盎然的郊外，远山叠翠，隐约可见山脚下的村庄，河水温婉，停泊着仿古木船，连旁边的麦当劳也脱掉传统外衣，打扮成古镇人家模样，还把餐台摆在水边。设计者把这里命名“水上印象”，实则游船小码头，可顺水划向古镇深处。

向右转过去，路面更开阔了，路旁的水面，就是“陷河”湿地，由地下涌泉形成的湖泊。河边设有休闲桌椅，铁艺的，木质的，安逸地卧在白色遮阳伞下；姿态各异的树木，在水面舞动着身影，寥寥数笔，便绘成一幅天然的水彩画。路的右手边，花团锦簇，或隐或现的老房子，古朴典雅，错落有致，一间不大的铺面，挂着“古法造纸”牌匾，边上还写着“全国最小造纸厂”。店内是手工造纸作坊，除了出售成品宣纸，还有现场制作表演。店家

▼ 远山叠翠，隐约可见山脚下的村庄，河水温婉，停泊着仿古木船

▶ 一间不大的铺面，店内是手工造纸作坊，除了出售成品宣纸，还有现场制作表演，我在学绘国画，看见宣纸就亲

▲ 难以想象，这座光绪末年的建筑群，是2006年从腾冲市区整体迁移过来的

介绍，腾冲宣纸就地取材，质地白净细腻，吸水性好，很多书画家远道来购，徐悲鸿当年从东亚取道这里时，特意买了3驮带走。我在学绘国画，看见宣纸就亲，但旅途不便携带，只能用手抚摸一番。

隔壁是“总兵府”，原是清代腾越镇总兵的宅第，该人官居从一品，被封为振威将军。难以想象，这座光绪末年的建筑群，是2006年从腾冲市区整体迁移过来的，如不信，有大门楹联为证“昔日统兵而来卜筑定邻只因到此安边土，如今易地而建新基旧料还是当年故门庭”。从外部看，梁柱枋檩，雕花门窗，清代建筑风采依旧，内部却改作客栈，也用一副对联“说明”：“昔日鼎食公侯第，今日寻常百姓家”。

和顺目前是国家4A级景区，游览设施设计周到，比如导游路牌，每每不知往哪儿继续走时，它都会恰到好处地出现，让你举目可见。

从总兵府出来，按照路牌引导，沿河通往野鸭湖方向。清波荡漾的水

面上，几条窄窄的石堤，隔出几方精致的荷塘，碧水蓝天，古树荫郁，天造地设的美丽景色，难得一见，让人赏心悦目。每走一段路，就会看到一个小亭子，立在石堤边上，大小不一，造型基本相同，檐角飞翘，四围通透，亭下用石条砌成方格，有的还伸出亭外架在石礅上，方便多人洗涤衣物。岂不知，如此古朴的小亭背后，至今还流传着感人的故事：以前和顺男人走夷方时，为了使家乡女人免遭日晒雨淋，从清代光绪年间开始，陆续为她们修建了这些洗衣亭，用强壮的臂膀，为自己的女人撑起一片晴天。依我所见，这些洗衣亭应该是和顺最暖心的建筑，可能走遍全国也独此一处。洗衣亭如今还在使用，我们经过时，仍看到人们在洗涤衣

▼ 清波荡漾的水面上，几条窄窄的石堤，隔出几方精致的荷塘，碧水蓝天，古树荫郁

▶ 相传以前和顺男人走夷方时，为了家乡女人免遭日晒雨淋，陆续为她们修建了这些洗衣亭

物。抬头再看亭柱上，一副对联情深意切，肯定会拨动你的心弦：“梦魂五夜萦乡绪，风雨一亭动杵声”。

野鸭湖面积更大，天空也显得辽阔了，几朵白云悬浮，几乎看不出它们在飘动，阳光下的水面，波光潋滟，静水流深。湖的东岸，是大片的民居建筑，实物与倒影在湖中交相辉映。湖畔有一条“和顺家风”文化长廊，应为近年修建的，全长400多米，分为走夷方、励志、英才、礼仪、诚信、劝学、孝道、勤俭、耕读、家园、公益、乡愁等16个篇目，其间分布着20多组人物石

雕，集中展现了和顺历史上的道德楷模、文教先贤、抗日英烈、爱国典范等。我们走走停停，饶有兴趣地阅览和品读。在“走夷方”篇里，我记住了寒门子弟尹蓉，靠着自身努力，曾做了缅甸王的四朝国师；“翡翠大王”寸尊福，聚财不忘正义，参加同盟会，倾力支持广州黄花岗起义等。在“英才”篇，我记住了“李氏三杰”。在“家园”篇，我还了解到和顺历史上的八大姓氏，随着明代初期军屯制的推行，他们从四川、湖南、江苏等地，陆续到此安家，600多年来，彼此和睦相处，并将汉文化传承至今，镇里现在还留存8个姓氏的宗祠。徜徉在长廊里，目光偶尔瞥向湖面，横檐竖柱，多像一个个巨型画框，装帧出风光旖旎的山水图画，有着移步异景之妙。

大自然赋予的生态环境，被一代代和顺人细心呵护，共生共存，天人合一。野鸭湖尽头，几棵百年以上的樟树，立于“龙潭”之畔，虬枝盘曲，绿荫如盖，远远望过去，又酷似传说中的千手观音；元龙阁下的两棵秃杉

▼ 野鸭湖面积更大，天空也显得辽阔了，东岸的民居建筑，与湖中倒影，交相辉映

▲ 潭中石亭翼然，玲珑剔透，元龙阁临潭而立，倒影如水面上的漂花

树，树龄已500余年，1931年，有人欲伐作他用，“李氏三杰”之一的李日垓率众乡民护树，并写下《双杉行》长诗，诗末一句“有敢伐者头可斫”，表达了保护自然环境的强烈意识，因此也成为乡规，一直沿继至今。如今此双杉已列入云南《名木古树》保护名录，也因《双杉行》而名闻天下。

“龙潭”又是一泓湖水，与野鸭湖相邻，四周有石栏相围，水体澄清，如果非让我形容：恰如一块蓝绿色的翡翠，镶嵌在黑龙山下的万绿丛中。潭中石亭翼然，玲珑剔透，元龙阁临潭而立，倒影如水面上的漂花。相传很久以前，山间突涌泉水，淹没整个古镇，民众以为神龙显现，便筑堤蓄水为潭，取名“龙潭”，从此以后便风调雨顺了。

元龙阁建得稍晚些，原为明代崇祯年间的观音殿，清代乾隆二十七年（1762），乡人又在殿前建了楼阁，取名现在的元龙阁，成为儒、释、道三教合一的道观，面朝碧水，背靠黑龙山，四周古树参天，宛若人间仙境。牌坊式门洞上的“隔凡”二字，让我等凡人望而却步，犹豫片刻，我们还是迈步进去。内部由山门、龙王殿、三官殿、魁星阁、观音殿等组成，层层向上，结构紧凑，登顶凭栏俯瞰，和顺的湖光山色尽收眼底。

龙潭后面的山坡上，居然“藏”着“艾思奇纪念馆”，让我们意想不到。沿龙潭旁往上走，一座古朴素雅的四合院，原为艾思奇的故居。艾思奇原名李生萱，我国著名的马克思主义哲学家，他倾尽毕生心血，为马克思主义中国化、大众化做出了杰出贡献。1980年，他的家属将这座建于1918年的私宅捐给政府，后来修缮改造为纪念馆，于1984年正式对外开放。院内环境清幽，立有艾思奇的全身塑像，中西合璧的建筑，雕花格扇，西式阳台，西楼和厅楼陈列艾思奇生平事迹。

和顺的各类建筑，从东到西，环山而建，顺山势递升，绵延几公里。世代“走夷方”的和顺人，衣锦还乡后，便大兴土木，修建宅院和宗祠，尤其是家族祠堂建筑，更是万般辛苦换来的光宗耀祖的象征。镇内八大姓氏的宗祠中，要数李、刘两姓的规模大，也最为奢华显赫。李氏宗祠，依山势而建，视野开阔，与元龙阁遥遥相对，1920年由李日垓主持动工，历时6年完工建成。拾级而上，牌楼式大门，高悬“李氏宗祠”红底金字大匾，两侧各嵌一块石刻，分别书“登龙”“望凤”四字。庭院内花木繁茂，正殿巍峨，两侧厢楼，中堂神龛供奉始祖至五世祖牌位，名门望族，悠悠600余年。刘氏宗祠，位于野鸭湖上方，建于清代咸丰五年（1855），除了完整的清代建筑，还

◀ 牌坊式门洞上的“隔凡”二字，让我等凡人望而却步

存有乾隆时期的古碑“永免钱粮”“保我子孙”，至于汉高祖刘邦、光武帝刘秀、昭烈帝刘备的遗训碑，我想肯定不是原物，但不知何年所立。这几年，我到过许多家族祠堂，大多不见香火，甚至破败不堪，而这两座祠堂，不但维护管理得好，还看到有人前来祭拜，说明家族血脉永续的向心力。其实，中华民族的巨大凝聚力，也正是由无数个家族的乡愁汇聚而成的。

多种文化的交融，促成和顺人多样化的生活状态，体现在民居建筑上，可谓八仙过海，各显其能。云南的“三坊一照壁”，徽派建筑的粉墙黛瓦，中西合璧的雕窗石柱，藏匿在一条条幽深巷道里，只有深入进去，才能领略到它们的独特风采。和顺古镇的布局规划，还能看到明代时的痕迹，比如有十几条闾巷，仍是按照当时的“蓝图”所建。每一个巷口，或有门楼守护，或立着一面照壁，或建个大“月台”，上面置些石凳，可供乡民聚集闲话。到了午饭时间，我们正想品尝当地美食，刚好走到一条巷口，看见牌楼式的巷门，书有一副对联：“一门三巷生和气，百代千秋存古风”。明明白白告诉你，里面有3条巷子，我们便兴致勃勃地走进去。和顺全镇的房屋，基本是传统建筑，包括大量清代和民国时期所建的，临街的多数人家，都改作客栈、饭店或是铺面，但房屋主体完好。古色古香的装饰，散发着传统商业文化的气息，少了喧嚣热闹，却增添了恬静和祥和。马帮驮来的四面八方的财富，并没有改变和顺人的文化基因，在他们内心深处，中国儒家传统思想仍然根深蒂固。一路走着，你就会看到，很多人家和店铺的门脸，都张贴着对联，我看着有趣，随手记下了几副。茶馆挂着“苍松千年寿，碧露一壶春”“竹露松风蕉雨，茶烟琴韵书声”。餐馆悬有“旷野火山窗外，龙潭湿地门前”。民居上则挂着“能勤俭和顺自然世泽兴盛，尊孝友谦恭必定家门平安”“春风入户月圆夜，喜气盈庭花好时”。就连路边一间厕所也未能“幸免”，装饰古朴，其联也幽默“寻解脱鞠躬如也，求方便屈身过之”，横批“此非俗境”。路过的游人看了，没有不捂嘴笑的。

和顺本地的特色美食，种类多，单看品名，很让人莫名其妙：大救驾、三滴水、煮饵丝、坛子鸡、稀豆粉、撒撇、土锅子、大薄片……有的则一目了然，如糖粑粑、黄焖鸡、木瓜鸡、松花糕等。我们进了一家川菜小店，回锅肉、麻婆豆腐，正宗的成都街头味道，祖

▶ 很多人家和店铺的门脸，都张贴着对联，就连路边一间厕所也未能“幸免”

上一定是四川迁移来的。

往回走到双虹桥，桥的另侧，不起眼的角落里，我们发现了“腾越神马艺术馆”。馆舍不大，是2005年筹建的。神马也叫甲马，是中国民间祈福消灾等祭祀活动时，用来焚烧的雕版印刷的纸制物品，腾冲这里称为“甲马纸”。甲马原本就叫纸马，起源于唐代，当时是手绘的彩色神像，披甲骑马，所以又叫甲马，到了宋代，雕版印刷普及，甲马成了彩色印刷品，历经元明清三代不衰。清代的甲马，神像多为钟馗、送子观音、赵公元帅，而且基本不骑马了。作为一种民间木刻版画艺术，这个小展馆里，收藏了300多块木刻雕版，包括清代、民国及当代各时期的，是一份极其珍贵的民间文化遗产，云南地区独此一处。游客多的时候，大家可以参与手工制作神马，体验这项民间艺术的创作过程。

逛了大半天，直到太阳开始西落，我们才恋恋不舍地离开。如果还要再说点感受啥的，我会这样说：还想再来，而且住上几日，过过和顺人的日常生活。

据说，2020年12月，和顺被列入国家5A级旅游景区创建名单，如能参考游客的评价，我们愿意举双手赞同。

元阳梯田·阿者科

▲ 刚刚爬上山路，浓雾就一团团涌来，排山倒海，几个梯田景观拍摄点，也被雾气严严实实包裹着，根本不见山下的梯田

来元阳拍摄哈尼梯田，却遇到了“阿者科”，对一路寻访古村落的我来说，真是意外的惊喜。

之前听摄影朋友说过，拍摄哈尼梯田，一要看天气，二要靠运气。这里终年大雾笼罩，清晨和傍晚，拍照的最佳时段，云雾却是最浓的时候；不过，太阳偶尔会刺破雾霭，露出笑脸来，那就看你的运气如何啦。

老天爷一视同仁，对我们也没特殊关照。起早从元阳县城赶来，刚刚爬上山路，浓雾就一团团涌来，排山倒海，汽车如驾雾腾云，一路几个梯田景观拍摄点，也被雾气严严实实包裹着，根本不见山下的梯田。好不容易到了山顶，能见度却更低了，无奈之下，我们只好找个客栈先住下。

哈尼梯田达百万亩，遍布红河哈尼族彝族自治州的元阳、红河、金平、绿春四县，元阳境内达17万亩，主要集中在老虎嘴、坝达和多依树。元阳山高谷深，沟壑纵横，从山下往上走，气候变化骤然，降雨又多，云海格外神奇壮丽。登上任何一个山顶，都能看到层层叠叠的梯田，起伏连绵，蔚为壮观。这里气候温和，雨量充沛，山涧水四季长流，非常适宜水稻生长。早在隋唐时代，哈尼人就开始挖沟修渠，开垦梯田种植稻谷。1300多年漫长的岁月里，哈尼人在此辛劳耕作，生生不息，“雕刻”出气势磅礴的山水园田景观图，成为震惊中外

的史诗般的大地艺术。

挨到吃午饭时，店家的儿子来了，彝族小伙儿，帅气又时尚，竟然也是摄影发烧友，专门拍摄哈尼梯田，照片和视频在网上很受欢迎。听说我在拍摄古村落，他下午要去阿者科采风，是个原始哈尼族村寨，问是否愿意跟着去？我们当然求之不得，连忙点头答应。盘山路雾气弥漫，有他在前面带路，我们很快就安全到达了。

▲ 石板路蜿蜒向下，看见两棵大树立在路旁，就到达寨门了

阿者科在公路下面，路口有停车场，下车要徒步一段路，石板路蜿蜒向下，看见两棵大树立在路旁，就到达寨门了。哈尼族的传统习俗，凡建新寨，都要竖立寨门：选择两棵大树，用狗血划定寨界，横拉一条稻草编织的草绳，上面悬挂木刀、木叉、木槌等布置而成。哈尼族认为，寨门和寨界是一条无形的划分人鬼分居的界线，是保护人们免受鬼怪伤害的屏障。

寨门旁一片林地，树高枝茂，立有“神圣之地，禁止入内”木牌，呈现壁垒森严之势。彝族小伙告诉我，这是“寨神林”，每个哈尼寨子都有，选择在寨门附

▲ 除了我们几个，寨子里再看不到外人，雾气时聚时散，偶尔有村民走动的身影

近，是哈尼族纪念除魔英雄的祭祀场所，祈求寨神保佑幸福安康、五谷丰登、六畜兴旺，神林里的草木受全体寨民保护，要保持清洁，不准扔置污秽之物等。

阿者科，坐落在半山的深处，哈尼语是旺盛吉祥的地方，清代咸丰年间，便有哈尼人在此聚居，逐渐形成一个完整村寨。走进寨子，云雾稀薄了许多，建筑物也能大体看出轮廓，高低错落，顶部呈圆形，像是一个个大蘑菇。再看脚下，整个村寨的地面，全用石板铺设，没有一块裸露的黑土，家园建设如此长计远虑，不可想象，只能眼见为实，哈尼人超前的思维境界让人敬佩。

除了我们几个，寨子里再看不到外人，雾气时聚时散，偶尔有村民走动的身影，没等你把镜头对准，就已消失在迷雾之中。忽然出现一只母鸡，带着小鸡们觅食，大公鸡则在旁边散步，看护着自己的领地。

热心肠的彝族小伙，就像是带队的导游，耐心回答我们的提问，自己还不忘拍照，不时地停下脚步，告诉我应该拍摄什么样的画面。建筑物若隐若现，走到了近前，才能看清细部。寨子里的哈尼族住宅，都是他们传统的结构和样式，厚实的土坯墙壁，屋顶用茅草搭成，像是扣了个大草帽，所以俗称“蘑菇房”，在我国民居建筑中独树一帜。蘑菇房冬暖夏凉，干燥通风，一般要建三层，底层养禽畜，堆放生产工具；二层是主人的生活空间，包括卧室、客厅、厨房等，往往还有外露的阳

◀ 整个村寨的地面，全用石板铺设，没有一块裸露的黑土

▲ 厚实的土坯墙壁，屋顶用茅草搭成，像是扣了个大草帽，所以俗称“蘑菇房”

台；顶层是仓房，存放粮食和柴草等。寨内蘑菇房建筑，相互交错，却并不显得散乱，路径曲折迂回，走走寻寻，反倒有一种“柳暗花明”的妙趣。所经之处，收拾得整洁干净，各家房前屋后，看不到一点垃圾，也没有堆放任何杂物。如此文明的居住环境，国内村屯乡镇中，我想可能不会太多吧。

我不禁连声夸赞：“真是一个爱清洁的民族。”彝族小伙在旁边笑了，说：“以前可不是这样。”他接着介绍说，阿者科不大，只有60多户人家，长期以来，种植模式单一，基础条件落后，传统的生产方式难以为继，环境也脏乱差，人们守着故乡山水过苦日子，年轻人大多外出打工，村寨空心化严重，成为典型的贫困村。2018年初，元阳县政府邀请中山大学的扶贫团队，编制了“阿者科计划”，通过适度开发旅游项目，帮助村寨改变贫困落后面貌。具体规划是：鼓励村民继续耕作梯田，对传统的蘑菇房住宅，外表适度改造和翻新，屋内要保持干净卫生，同时整治寨内环境，彻底解决脏乱差，除了必要的指示牌外，尽量减少旅游景区式的热闹装饰，保持民族村寨原有的古朴风貌。

小伙又指着前面说：“瞧，那边还有‘自来水’。”我们走近一看，原来是石砌的“饮水台”，将山泉水引入台下石窖，通过石凿的水管流出，下面有一个石水槽，可直接饮用或洗菜等，水再流入路边的沟渠，环绕

▲ 淙淙的山水，长流不断，滋润着村寨万物繁衍生长，更赋予了哈尼人山水之灵气

寨内各个角落后，最终流进寨外的山坡梯田。水台旁的木牌上，写着“山神水”。是呀，淙淙的山水，长流不断，滋润着村寨万物繁衍生长，更赋予了哈尼人山水之灵气。我们戏称，这是原始的公共自来水，俯身喝了几口，清凉又带有淡淡的甘甜，比瓶装的矿泉水还清爽。

附近还有一个“水碾房”，虽然早已弃用，人们仍然精心地保留着。据说山水冲力足，里面的磨盘也大，每次可投放百斤稻谷，完全能够满足全寨人的需要。

寨子里当然有餐饮服务项目，不过，你若稍不注意，就会过而不见，因为都“藏”在蘑菇房里，除了门口墙上的小木牌——“火塘咖啡”“哈尼蘑菇小菜馆”“云雾小吃店”“小卖部”等，再无别的商业性装饰。也有“哈尼文化展示中心”“休闲广场”“长街宴”等公共设施，现代文化元素融入传统气息氛围里，自然而协调，好像这种安逸和随意性，历来就是哈尼人独有的生活方式。

绕来绕去，在一座3层的蘑菇房前，彝族小伙停下脚步，说他的表妹在里面，我们愿意的话，可随他进去看看。墙外窄小的梯子，直接通向二楼。推开木门，里面是客厅和卧室，地中央一架小火塘，布置得温馨怡人，几个青年男女围坐在那里。他们是附近乡镇的，都是摄影爱好者，在寨子里租了这间屋子，主要搞自媒体视频创作，拍摄哈尼族的人文风情，在网上进行宣传，现在已有大量的粉丝。看了他们的视频作品，水平不低，我们答应帮着转发，让更多的人来关注和了解哈尼族人。彝族小伙留了下来，让我们在寨子里继续游览。

走到寨子的边上，往下就是山坡，层层梯田，仍然被浓雾笼罩着，不知延伸到多深多远。2013年，哈尼梯田被联合国教科文组织列入世界遗产名录，是我国第一个以民族名称命名的世界遗产。哈尼梯田的沿线，坐落着200多个哈尼族村落，规模不大的阿者科，不仅处于世界遗产核心区域，为5个重点村落之一，寨内诸多的蘑菇房，也是其中保存最完好的哈尼建筑群。山下云雾弥漫，急剧变幻，梯田景观难得一见，我们只能带着遗憾离开。

阿者科，梯田之上的云端人家。

托阿者科的福，第二天早晨，我们正准备要离开，出门一看，云开雾散，赶紧拿起相机，使劲往附近的观景台跑。谢天谢地，终于拍到了难得一见的“霞光映梯田”。

▼ 2013年，哈尼梯田被联合国教科文组织列入世界遗产名录，是我国第一个以民族名称命名的世界遗产

▶ 第二天早晨，我们正准备要离开，出门一看，云开雾散，终于拍到了难得一见的“霞光映梯田”

心安之所（代后记）

孟光新

那天清晨，从哈尼梯田下来，云雾弥漫，迎面扑来，汽车仿佛在棉絮里穿行……我知道，我的古村落行旅结束了。到了山下，大地阳光灿烂，回头向上望去，感觉自己仍被包裹在那里，乃至回到家后很长一段时间，我仿佛仍沉浸在迷雾般的旅途里。

看着电脑上打完的最后一行字，我自己也不敢相信：断断续续6年时间，行游10万公里，遍及30多个省区市，写下50万字的游记，记录了150个古村落，拍了20000张照片……古风拂旅尘，净水涤心灵，这种穿越时空般的经验让我好像新生一样清明。

朋友们多次问我，漫漫长路，靠什么支撑走下来的？我的回答只有一个：因为始终在路上，我停不下来。从2016年的鸡鸣驿起步的“一个人的长征”一直令我沉迷其中，我享受那种惊奇和感叹；其实，能够让我坚持走完全程的，还有一个重要因素：我好像一直走在一条“回家”的路上。

家，最基本的社会单元载体，在中国人的心目中，与自己的生命同等重要，这不仅仅是生存的居所，启蒙的初始，更是一生挥之不去的漫漫乡愁。

晋中的深宅大院，南粤的镬耳老屋，徽州的经典民居，闽西南的客家土楼，滇西的粉墙照壁，还有哈尼族的蘑菇房，无不让我陶醉，让我着迷，每到一处都感觉离我心心念念的家更近了一步。我知道，那是中华文化的传承和中华儿女的情愫——那是李白的“床前明月光”，那是杜甫的“家书抵万金”，那是苏轼的“千里共婵娟”哪。

一个个小家组成千年不没的村落，千万个村落构筑了骄傲于世的国家。一路上始终萦绕心底的就是“家国情怀”。

为我作序的高晖先生曾说“古村落是中国文化延续的载体之一”，现在我完全可以证实，它蓄满了我们日日夜夜心之所念的家一样的寄托。多少个清风明月之夜，我思想着古村落在培育中国人民族精神方面无可替代的价值。如果可能发出一点自己微弱的声音，那么我最想表达的意思只有一个：保护古村落功在长远，何乐而不为呢？

从2019年年末开始，我从已走过的古村落中选出57个，着手编辑出版了《近乡情——古村行旅记》，并在“当当”“京东”网上发行。看过那本书的朋友们都鼓励我，要坚持走下去。实际上这几年除了受新冠疫情所扰，我的脚步始终没有停止过，直到从哈尼梯田走下来的那天早晨。一路上的所见所闻，我不想贪为己有，任其沉没在自己的记忆深处。于是，就有了这上下两集的《近乡情——古村行旅记续》。我庆幸当初的这近乎狂热的选择，并愿意与人们分享“在路上”的发现与感念。

写到最后，忽然想起我小时候的家：一水儿的青砖大瓦房，绝对是清末的典型民居，房檐极深，墙体厚实，冬暖夏凉，檐下还镶嵌有生动的砖雕……